ANDREA PIRLO

MIT ALESSANDRO ALCIATO

ANDREA PIRLO

Ich denke, also spiele ich

MIT ALESSANDRO ALCIATO

riva

Bibliografische Information der Deutschen Nationalbibliothek:
Die Deutsche Nationalbibliothek verzeichnet diese Publikation in der Deutschen Nationalbibliografie; detaillierte bibliografische Daten sind im Internet über http://d-nb.de abrufbar.

Für Fragen und Anregungen:
info@rivaverlag.de

2. Auflage 2015

Die italienische Originalausgabe erschien 2013 bei Mondadori unter dem Titel *Penso quindi gioco*.

Übersetzung: Elisabeth Liebl
Redaktion: Manuela Kahle
Umschlaggestaltung: Kristin Hoffmann, München
Umschlagabbildung: © Vivien Lavau
Satz: Daniel Förster, Belgern
Druck: GGP Media GmbH, Pößneck
Printed in Germany

ISBN Print 978-3-86883-557-1
ISBN E-Book (PDF) 978-3-86413-725-9
ISBN E-Book (EPUB, Mobi) 978-3-86413-726-6

Meiner Familie, meiner Frau, meinen Kindern.
Eine einfache Widmung für besondere Menschen.

Andrea

Für Niccolò,
weil jeden Tag Weihnachten ist.

Alessandro

VORWORT

von Cesare Prandelli

Andrea Pirlo gehört zu einer schützenswerten Spezies: Er ist der Spieler aller Menschen. Jedes Stadion ist sein Stadion. Die Tifosi erblicken in ihm einen Meister aller Klassen, der sie vergessen lässt, dass sie Fans eines bestimmten Klubs sind. Er verkörpert Italien für sie. Es würde mich nicht wundern, wenn er nachts in einem blauen Pyjama schlafen würde, der Farbe der italienischen Nationalmannschaft, die er über alles liebt.

Doch bevor wir vom Andrea von heute sprechen können (oder dem von morgen und aller Zeit), müssen wir einen Schritt zurück in die Vergangenheit tun. Wir kehren zurück in die Zeit, als ich die Jugendmannschaft von Atalanta Bergamo trainiert habe. Ich war zuständig für die Allievi (U 17). Die Themen, die uns damals am meisten beschäftigten, waren zum einen die stärksten Gegner, auf die wir im Laufe der Saison treffen würden, zum anderen die hochkarätigsten Talente mit großer Zukunft. Wir hatten dabei vorzugsweise Inter und Milan im Auge, was uns aber am meisten auf den Nägeln brannte, war Brescia. Da ging es sozusagen um unseren Lokalstolz.

Eines Tages kam einer meiner Mitarbeiter vor dem Training zu mir. Er keuchte fast vor Aufregung: »Cesare, ich habe gerade einen hochbegabten Jungen beobachtet, total irre, sage ich dir. Leider spielt er für die Giovanissimi von Brescia ...« Dabei blieb mir weniger die Wortwahl im Gedächtnis als der geradezu ungläubige Ausdruck auf dem Gesicht jenes Mannes, der schon Hunderte von Spielen gesehen hatte. Der Zufall wollte es, dass die Giovanissimi von Brescia noch in derselben Woche bei unserer U 15/14 zu Gast sein sollte. Und für Brescia trippelte ebendieser schmächtige Bursche aufs Feld, zwei bis drei Jahre jünger noch als seine Gefährten. Es war Andrea Pirlo.

Ich war sprachlos, als ich ihn zum ersten Mal spielen sah. Und ich kann mich nicht erinnern, dass mir das je einmal passiert wäre. Ich hatte das Gefühl, als müssten sich die Augen aller Zuschauer allein auf ihn richten, und alle dächten nur das Eine: »Das ist er. Das ist *der* neue Spieler.« In den Augen der anderen war Pirlo nie ein Kind.

Er schweißt die Fans zusammen wie kein anderer, weil er der technisch ausgereifteste Spieler ist, weil er sich nie einen wirklich groben Schnitzer geleistet hat und weil er einfach die Essenz des Fußballs selbst ist. Er findet als Spieler weltweit Anerkennung, weil er mit seinem Ballkontakt eine positive Botschaft aussendet: Auch ein ganz normaler Typ kann ein Genie sein. Wir hatten damals in Bergamo das Glück, sein junges Talent bewundern zu können. Auf dem Feld verübt er mit der größten Selbstverständlichkeit wahre Geniestreiche. Es gibt nur wenige Fußballer, bei denen der Kopf ebenso mitspielt wie bei ihm. Und wenn für die Squadra Azzurra abgepfiffen wurde, versammelten sich mit schöner Regelmäßigkeit Spieler der gegnerischen Mannschaft vor Andreas Kabine, weil sie mit ihm das Trikot tauschen wollten. Er beeindruckt selbst sie.

Was ihn aber eigentlich zur Ausnahmeerscheinung auf dem Platz macht, ist, dass Andrea ein stiller Dirigent ist, wie es sie im Fußball nur selten gibt. Bevor ich Trainer wurde, habe ich während meiner Zeit als aktiver Spieler einen anderen wirklich beeindruckenden Fußballer kennengelernt: Gaetano Scirea, den Weltmeister und langjährigen Rekordlibero von Juventus Turin. Pirlo erinnert mich ungemein an ihn. Er sieht ihm äußerlich ähnlich, gleicht ihm aber auch im Wesen. Vor diesen unaufgeregten Führungsgestalten verstummen alle, wenn sie es tatsächlich einmal für nötig halten, in der Kabine das Wort zu ergreifen. Einige solcher Gelegenheiten habe ich selbst miterlebt: einmal als Teamkamerad von Gaetano und dann als Nationaltrainer von Andrea Pirlo. Ich werde beide Szenen nie vergessen. Im ersten Fall tat ich, was mir aufgetragen worden war, im zweiten erntete ich durch mein Verhalten bewundernde Anerkennung. Gelernt habe ich in beiden Fällen dasselbe: Wer sein Anliegen ruhig vorbringt, erreicht mehr – unter anderem erlangt er den uneingeschränkten Respekt seiner Umgebung.

In diesem Buch schreibt Andrea wörtlich: »Nach der Weltmeisterschaft 2014 in Brasilien werde ich meine Karriere in der Nationalmannschaft beenden. Ich werde mein Herz an den Nagel hängen. Bis dahin aber sollte sich niemand erlauben – abgesehen von Cesare Prandelli, wenn er dafür technische Gründe haben sollte –, mich auf einen eventuellen Rücktritt anzusprechen.« Meine Antwort darauf ist: Diese Verantwortung werde ich ganz sicher nicht auf mich nehmen. Das Schwierigste für einen Trainer ist ganz sicher, ein Ausnahmetalent zum Aufhören aufzufordern. Eine solche Entscheidung müsste mit dem Betroffenen abgesprochen werden. Aber das ist ohnehin alles sinnloses Gerede. Ich kann mir nicht einen Grund vorstellen, warum ich Andrea Pirlo bis 2014 nicht in der Nationalmannschaft würde haben wollen.

Menschen wie Andrea und Gigi Buffon stehen für den sportlichen Geist Italiens. Würde jeder dem azurblauen Trikot jenen Respekt entgegenbringen, den diese beiden ihm zollen, stünde es besser um uns. Nach zahllosen Schlachten ist ihre Motivation immer noch unerschütterlich dieselbe wie zu Anfang, wie am allerersten Tag.

Andrea ist der geborene Träumer, und als solcher lässt er uns träumen. Und wenn ich es genau bedenke, so ist er immer noch derselbe wie an jenem ersten Tag, an dem ich ihn in seinem viel zu großen Brescia-Trikot sah. Es gab durchaus einen Moment, in dem er in der Jugendmannschaft von Atalanta ein Thema war, aber das wäre ein ziemlicher Affront gegenüber Brescia gewesen. In Bergamo berief man eine Versammlung ein, um über die Angelegenheit zu diskutieren. Aber Präsident Percassi, eine ausgesprochen scharfsinnige Führungspersönlichkeit, war klar, dass sich ein eventueller Transfer sozusagen zu einer diplomatischen Krise hätte auswachsen können. Ich werde seine Worte nie vergessen: »Pirlo bleibt, wo er ist. Einen solchen Kerl bringt man nicht in Schwierigkeiten. Er muss frisch und munter weiterspielen und sich amüsieren. Ich will nicht, dass irgendjemand Druck auf ihn ausübt. Er muss der Spieler aller bleiben.«

Percassi hatte es gleich verstanden. Percassi hatte das Phänomen Andrea Pirlo verstanden.

1

Ein Stift. Schön anzusehen, aber trotzdem nichts weiter als ein Stift. Ein Füllfederhalter von Cartier, edel glänzend, schwerer als ein Kugelschreiber, mit dem Wappen von Milan (dem AC Mailand) darauf. Aber eben halt nur ein Stift. Gefüllt mit blauer Tinte, simpler blauer Tinte. Ich sah ihn, drehte ihn hin und her, spielte ein wenig damit – wie ein Kind mit seinem ersten Teddybären. Ich betrachtete ihn von allen Seiten, versuchte, ihm seinen tieferen Sinn zu entlocken. Zu begreifen. Ich bekam Kopfweh, so intensiv versuchte ich zu verstehen. Ich glaube, mir perlte sogar der eine oder andere Schweißtropfen von der Stirn. Am Ende aber kam mir die Erleuchtung. Das Rätsel war gelöst: Es war nur ein Stift. Sein Erfinder hatte keine tieferen Geheimnisse in ihm verborgen. Mit Absicht? Wer weiß.

»Ich bitte mir jedoch aus, dass du ihn nicht dazu benutzt, um deinen neuen Vertrag bei Juventus zu unterschreiben.«

Wenigstens einen guten Spruch hatte Adriano Galliani parat. Als Abschiedsgeschenk hatte ich zwar ein wenig mehr erwartet als diese Anspielung, die nicht eines gewissen Humors entbehrte, aber immerhin. Zehn Jahre bei Milan vorbei. Einfach so. Doch ich habe gelächelt. Denn das kann ich, und gut. »Und danke für alles, Andrea.«

Während der Vizepräsident des Klubs noch hinter seinem Schreibtisch hervortönte, ließ ich den Blick durch sein Büro schweifen, in dem ich mich blind zurechtgefunden hätte. Es war sozusagen die Schatzkammer des alten Milan-Hauptquartiers in der Via Turati: Hier hatte ich glückliche Momente verlebt, mit anderen Füllern und anderen Verträgen. Und doch hatte ich bestimmte Fotos an den Wänden nie oder nur so am Rande bemerkt. Bilder, die mit dem Nimbus der Lässigkeit von der Bürde der Geschichte sprachen. Alle möglichen Fotos hingen da, meist waren darauf einzigartige und anscheinend nicht zu wiederholende Erfolge verewigt. Von Pokalen, die in den Himmel gestemmt wurden. Um damit die finstere Wolkenwand wieder mal einen Meter weiter wegzuschieben. Sie zogen mich runter, aber nicht allzu sehr. Ich wollte das Risiko nicht eingehen, mich bei Milan zu langweilen. Daher war ich bei diesem letzten Treffen zwar traurig, aber es hielt sich in Grenzen. Wie mir ging es auch Galliani. Und meinem Berater Tullio Tinti. Wir haben uns ohne Bedauern getrennt. In ungefähr einer halben Stunde war ich draußen. Wenn man verliebt ist, braucht man Zeit. Ist das Gefühl erstorben, ist eine gute Ausrede besser.

»Andrea, unser Trainer Allegri glaubt, dass du künftig nicht mehr vor der Abwehr spielen kannst. Er hat eine andere Rolle für dich vorgesehen: immer noch im Mittelfeld, aber auf der linken Seite.«

Dazu muss man wissen: Ich fand, dass ich mein Bestes immer noch auf der Position vor der Abwehr geben konnte. Ein Tiefseefisch kann in der Tiefe atmen. Wenn man ihn unter die Oberfläche versetzt, kommt er zwar zurecht, aber es ist nicht mehr dasselbe.

»Wir haben die Meisterschaft schließlich auch gewonnen, während du auf der Bank gesessen hast oder auf der Tribüne. Außerdem hat sich die Politik im Verein seit diesem Jahr geändert. Jeder, der älter als dreißig ist, bekommt nur noch einen Zwölfmonatsvertrag.«

Und noch eine Kleinigkeit: Ich habe mich nie alt gefühlt, nicht einmal in jenem Augenblick. Erst im Laufe des Gesprächs drängte sich mir allmählich der Eindruck auf, dass einige Leute mich hier gern als ausgelutscht hinstellen wollten. Und diese Sicht der Dinge verblüffte mich.

»Danke, aber dieses Angebot kann ich nun wirklich nicht annehmen. Außerdem will Juventus mir einen Dreijahresvertrag geben.«

Ich habe abgelehnt. Ohne über Geld zu reden an jenem Frühlingsnachmittag im Jahr 2011. Nie. In diesen dreißig Minuten mit Galliani wurde nicht über finanzielle Dinge gesprochen. Ich wollte einfach eine gewisse Bedeutung haben, wollte Schlüsselspieler sein in der Strategie des Klubs. Und nicht als Kandidat für eine baldige Ausmusterung gehandelt werden.

Der Zyklus war offensichtlich an sein Ende gelangt, und mich verlangte nach etwas Neuem. Die Alarmglocken hatten schon früher geschrillt. An einem Tag, an dem ich nach Milanello gekommen war, um zu trainieren. Mitten in der Saison (offensichtlich der letzten dort), die von zwei Verletzungen ruiniert worden war. Da merkte ich plötzlich, dass ich keine Lust hatte, mich umzuziehen und zu arbeiten. Ich verstand mich mit allen. Zu Allegri hatte ich ein normales Verhältnis. Das Problem war eher die Stimmung. Ich kannte die Mauern, die mir über all die Jahre Schutz geboten hatten. Nur sah ich immer öfter die Risse darin, konnte den Luftzug fühlen, der hereinwehte und mich fast krank machte. Der innere Drang weiterzuziehen, eine andere Luft zu schnuppern, meldete sich und wurde immer deutlicher. Die Poesie, die mich immer getragen hatte, verflachte allmählich zur Routine, und dies darf man nicht unterschätzen. Sogar die Fans, die mir jahrelang am Sonntag in San Siro applaudiert hatten (und auch am Samstag, am Dienstag und am Mittwoch), hatten vermutlich Lust auf etwas anderes. Sie wollten andere Gesichter in ihre Fußballalben kleben, andere Geschichten hören. Sie hatten sich mittlerweile an das gewöhnt, was ich machte, an meine Bewegungen, meine Ideen. Ich überraschte sie nicht mehr. In ihren Augen war das Außergewöhnliche Alltag geworden. »Den Pirlo machen« war in Italien ein geflügeltes Wort für jeden technisch brillanten, einfallsreichen Spielzug. Offensichtlich gelang mir das hier nicht mehr. Und das konnte ich nicht akzeptieren, fand es auch zutiefst ungerecht. Es verursachte mir Bauchschmerzen, nach meinem ursprünglichen spielerischen Impuls suchen zu müssen.

Ich habe darüber auch gleich mit Alessandro Nesta gesprochen, meinem Freund und Bruder, meinem Mannschaftskameraden, mit dem ich sogar meine Snacks teilte, von tausend Abenteuern mal ganz abgesehen. Zwischen der ersten und zweiten Halbzeit einer unserer zahllosen Playstation-Partien gestand ich ihm: »Sandrino, ich werde gehen.«

Er war nicht überrascht: »Das tut mir leid, aber ich glaube, es ist schon richtig.«

Er war der Erste, der es erfuhr, nach meiner Familie. Ich habe alles mit ihm besprochen, immer, jeden Schritt, in jeder Phase der Trauer. Manche Wochen waren schwieriger als andere. In mir lief der Countdown, aber es ist nie einfach, einen Ort zu verlassen, an dem du buchstäblich alles kennst, auch die verborgenen Geheimnisse. Eine kleine Welt für sich, die mir mehr gegeben als genommen hat. Und die für mich zweifellos mit starken Emotionen verbunden ist. Manchmal war ich niedergeschlagen und traurig, manchmal einfach nur tief gerührt. In jedem Fall aber habe ich eine Lektion vom Leben gelernt: Weinen tut gut. Tränen sind sichtbarer Ausdruck dessen, was du bist, sind deine unumstößliche Wahrheit. Und ich hielt sie nicht zurück. Ich weinte und schämte mich dessen nicht. Meine Bordkarte hatte ich eher im Kopf als in der Hand. Ich fühlte mich wie jemand, der am Flughafen steht, eine Sekunde bevor er sich noch einmal umdreht, um Freunden, Verwandten und Feinden ein letztes Mal zuzuwinken. Ob im Guten oder im Schlechten, irgendetwas lässt man immer zurück.

Ich sprach jeden Tag mit meinem Berater, vor allem in der Zeit des Abschiednehmens, doch irgendwie fehlte es mir am Willen, alles zu tun, um wieder auf die Beine zu kommen. Zumindest war er nicht mehr so stark wie früher. Ambrosini und dann Van Bommel übernahmen meinen Platz vor der Abwehr. Man war in meine Domäne eingedrungen (Es waren ja Freunde und es geschah alles zum Besten), aber dennoch. Ich war von meinem geliebten Grün verdrängt worden.

»Gibt es Neuigkeiten, Tullio?«

Es gab immer welche, gute und noch bessere. Je unwohler ich mich bei meinem Verein fühlte, desto mehr Anfragen gab es. Eine der eigenartigen Regeln des Fußballs. Ich war mehr oder weniger zum Kreuz auf der Schatzkarte geworden. Alle streckten ihre Fühler nach mir aus, sogar Inter, der Lokalrivale des AC Mailand. Das wäre allerdings ein Erdbeben in Mailand, das den Seismografen lahmlegen würde. Man rief meinen Berater an und stellte die einfache Frage: »Würde Andrea zu uns zurückkommen?« Tullio gab diese Frage wortwörtlich an mich weiter:

»Andrea, würdest du dorthin zurückkehren?«

Wir schlossen nichts von vornherein aus. Stets hatte ich dieselbe, für alle Anfragen passende Antwort parat:

»Hören wir mal, was sie wollen.«

Sie wollten mich. Aber sie waren langsam (beeindruckend, aber langsam). Bevor sie ernsthaft in Verhandlungen eintreten konnten, mussten sie abwarten, wie die Meisterschaft lief, und klären, wer in der nächsten Saison die Mannschaft trainieren würde bzw. welche Programme und Ziele der Verein festlegen würde. Ich hatte nur einmal direkten Kontakt mit Inter. Ich kann mich noch gut daran erinnern. Es war an einem Montagvormittag, die Saison war gerade zu Ende gegangen.

»Hallo, Andrea. Leo am Apparat.«

Am anderen Ende der Leitung war Leonardo, damals Trainer von Inter Mailand.

»Ciao, Leo.«

»Hör mal, endlich ist alles geregelt. Ich habe von Präsident Moratti freie Hand bekommen. Jetzt können wir endlich miteinander verhandeln.«

Er erzählte mir tolle Sachen über Inter. Wie wohl er sich dort fühle und wie hart er arbeiten wolle. Das hätte durchaus eine schöne Herausforderung werden können. Faszinierend: dorthin zurückkehren, wo ich schon einmal gespielt hatte. Nach zehn Jahren bei Milan – neun davon mit unglaublichen Erfolgen - zur anderen Seite übergehen. Sogar dabei hätte Leonardo mir helfen können, wenn er nicht wenige Wochen später zum Verein der Scheiche Paris Saint-Germain gegangen wäre.

»Andrea, du wirst in der neuen Inter-Mannschaft eine herausragende Rolle spielen.«

Ja, ich habe tatsächlich darüber nachgedacht, aber ich hätte das nicht tun können. Das wäre für die Fans von Milan wirklich ein zu starkes Stück gewesen. Das hatten sie nicht verdient.

»Ich danke dir, Leo, aber ich kann nicht. Auch weil ich gestern Abend schon bei Juventus unterschrieben habe ...«

Mit welchem Stift ich das gemacht habe, wird für immer mein Geheimnis bleiben.

2

Ausgemustert. Weggeworfen. Auf den Schrottplatz entsorgt. Oder gestrichen, kaputt gemacht, stillgelegt. Vielleicht auch abgeheftet, aufgegeben, begraben. Ausrangiert. Wenn jemand bei Milan tatsächlich mit mir etwas in dieser Richtung vorhatte, hat er Schiffbruch erlitten. Wie die Titanic. Mit der Mailänder Dunstglocke in der Rolle des Eisbergs. Und doch: Ich möchte mich bei der Person bedanken, die sich da so gründlich verkalkuliert hat. Wäre ihre Rechnung nicht so glamourös danebengegangen, hätte sie mit ihren klebrigen Händen den Fall der Würfel und deren Orakel nicht so verfälscht, würde mir jetzt eine wichtige Erfahrung fehlen. Ich hätte mich dann wohl nie so gefühlt wie ein normaler Mensch. Ein Durchschnittsspieler. Für eine kurze Zeit habe ich in dieser virtuellen Realität gelebt. Ich war der andere Andrea Pirlo, der, den sie in mir sehen wollten. Der, der ich hätte sein können, aber nicht geworden bin. Sie haben mich behandelt wie alle anderen, und ich habe mit angehaltenem Atem gewartet, was nun passiert: Aber sie haben damit das genaue Gegenteil erreicht. Sie haben bei allen anderen die Überzeugung gestärkt, dass ich mehr bin.

Als Kind und später als Junge habe ich stets versucht, gegen eine Vorstellung anzukämpfen, die in den unterschiedlichsten Formen an mich herangetragen wurde: einzigartig, besonders, vorherbestimmt. Mit der Zeit lernte ich, damit zu leben und diese Vorstellung zu meinen Gunsten zu nutzen. Das war nicht leicht, nicht für mich und nicht für die Menschen, die mich lieben. Schon als Kind wusste ich, dass ich als Spieler mehr kann als die anderen. Aus diesem Grund haben alle recht bald von mir gesprochen. Viel zu viel. Und nicht immer nur Gutes. Das ging so weit, dass mein Vater Luigi mehr als einmal die Tribüne verlassen hat und auf die andere Seite des Platzes ging. Nur um sich die boshaften Kommentare, welche die Eltern meiner Vereinskameraden über mich machten, nicht anhören zu müssen. Er floh, um nicht reagieren zu müssen. Oder vielleicht, um weniger traurig zu werden. Es gab ja nichts, wofür er sich hätte schämen müssen. Also ignorierte er sie und ging weg, immer schneller, wie Forrest Gump, und blieb erst dann wieder stehen, wenn er einen ruhigeren Platz gefunden hatte. Geschützt und sicher. Aber nicht einmal meiner Mutter Lidia blieben bissige Kommentare erspart.

»Was glaubt denn der, wer er ist? Maradona vielleicht?« Das war die häufigste Frage, die unweigerlich mit lauter Stimme gestellt wurde, um uns zu provozieren. Aus Neid natürlich, dabei machte man mir damit das größtmögliche Kompliment. Scheiße, Maradona! Das wäre, als würde man einen Turner mit Juri Chechi vergleichen, einen Basketballer mit Michael Jordan, ein Model mit Naomi Campbell oder Berlusconi mit einem Massai-Krieger. Erwachsene gegen ein Kind. Das ist ein ungleicher Kampf. Ich konnte mich nicht anders zur Wehr setzen, als zu versuchen, die anderen zu beeindrucken. Ich tat genau das, was man mir vorwarf. Von einer nicht existierenden Schuld getrieben. Geschützt von einem unsichtbaren Panzer, der dennoch hin und wieder einen Messerstich durchließ – oder einen Giftpfeil. Einige davon trafen mich, als ich vierzehn war, während eines Spiels in der Meisterschaft der U 17. Ich spielte eigentlich für Brescia, nur dieses Mal spielte Brescia gegen mich.

»Gebt mir den Ball.« Schweigen. Dabei hatte ich laut gebrüllt. Und mein Italienisch war durchaus korrekt.

»Jungs, gebt mir den Ball.« Wieder Schweigen. Ein so bedrückendes Schweigen, dass darin meine Worte nachzuhallen schienen.

»Hallo!?« Wieder keine Reaktion. Alle schienen plötzlich taub geworden zu sein.

Und den Ball gab mir niemand. Meine Teamkameraden spielten ihn sich untereinander zu, ohne mich einzubinden. Ich war da, aber sie übersahen mich. Genauer gesagt: Ich war da, aber sie verhielten sich, als wäre ich nicht da. Sie schlossen mich aus wie einen Leprakranken, nur weil ich besser war als sie. Ich bewegte mich wie ein Gespenst, innerlich halb tot. Rund um mich eine Mauer des Schweigens. Kein Wort, kein Blick in meine Richtung. Nichts.

»Gebt ihr mir jetzt den Ball oder nicht?« Wieder Schweigen.

Da gingen die Nerven mit mir durch, ich fing an zu weinen. Auf dem Feld, rückhaltlos, vor einundzwanzig Gegnern. Elf von der anderen Mannschaft, zehn von der eigenen. Ich konnte nicht mehr aufhören. Ich lief und weinte. Ich sprintete und weinte. Ich stand still und weinte. Völlig fertig, niedergeschlagen und noch so jung. Einem Jungen in meinem Alter dürften solche Sachen gar nicht passieren. In diesem Alter muss man Tore schießen und jubeln. Aber da ich zu viele Tore schoss, waren einige Leute sauer auf mich.

Ebendies war der Moment, der meine Karriere schon am Anfang entscheidend prägte und sie in die richtige Richtung lenkte. Ich hatte zwei Möglichkeiten: voller Zorn aufzuhören oder voller Zorn weiterzumachen, aber auf meine Weise. Die zweite Möglichkeit schien mir intelligenter als die erste und auch schnell umzusetzen. Also habe ich mir den Ball geholt. Einmal, zehnmal, hundertmal. Ich gegen den Rest der Welt, ich gegen den Rest meiner Welt. Wie ein wackerer

Kreuzritter. Sie wollten nicht mit mir spielen? Na, dann würde ich eben alleine spielen. Schließlich konnte ich das ja. Zu zehnt schafften wir kein Tor? Dann machte ich es eben alleine. Ich dribbelte alle aus, auch die, die dasselbe Trikot trugen wie ich. Denn in einer Hinsicht waren sie alle auf dem falschen Dampfer: Ich hatte nicht die leiseste Absicht, hier das Phänomen zu spielen. Die Wahrheit war sehr viel einfacher: Ich war einfach so. Ich handelte aus dem Instinkt heraus, nicht, weil ich mir etwas ausdachte. Mir fiel ein Spielzug ein, ein Pass, ein Tor, und da hatte ich es auch schon gemacht: Ich war mir im Kopf ständig selbst voraus. Schon damals war ich gezwungen, ständig etwas zu beweisen, hohen Maßstäben zu genügen. Für alle anderen war ein normales Spiel in Ordnung. Spielte ich aber eine normale Partie, kam das einer Niederlage gleich. Von Anfang an hieß es, ich sei zu müde, würde es nicht schaffen. In Wirklichkeit aber verstanden sie meine Art, mich zu bewegen, nicht. Es sah aus, als tändelte ich herum, machte viel zu kleine Schritte. Kleine Schritte für mich, große für die Mannschaft.

Dieser Ausbruch war der Wendepunkt. Normalerweise verstumme ich, wenn zu viele Menschen um mich herum sind. Ich rege mich zwar auf, ob im Guten oder Bösen, aber ich zeige das nicht. An diesem Nachmittag aber war alles anders. Ich hielt mir quasi selbst eine Ansprache, nur für mich, als würde ich gleich überschnappen. »Andrea, eine besondere Begabung zu haben darf sich nicht zur Belastung auswachsen. Es stimmt schon, du spielst auf einem anderen Niveau. Sei stolz darauf. Mutter Natur war großzügig zu dir. Sie war in guter Form, als du zur Welt kamst. Sie hat dir einen Zauberstab in die Hand gedrückt – nutz ihn einfach. Du willst Fußballer werden? Das ist der Traum, der sich mit dir verbunden hat? Andere wollen Astronaut werden, aber das interessiert dich kein bisschen? Dann geh, schnapp dir den Ball. Streichle ihn. Er gehört dir. Mach ihn zu deinem. Die Neider verdienen ihn nicht. Sie stehlen dir nur deine Gefühle. Hol dir diesen Teil deiner selbst zurück. Lach. Sei glücklich. Mach diesen Moment zu einem magischen. Und lass ihm andere folgen. Wechsle den Standort wie dein Vater, natürlich im übertragenen Sinne. Denn die Verfolger werden zurückbleiben. Das ist dir in die Wiege gelegt. Los, Andrea, los.«

Zwar glaube ich auch heute noch nicht, einzigartig zu sein oder unersetzlich, aber wie soll ich das den Leuten klarmachen, all denen, die von mir nur die Oberfläche sehen. In einem Punkt bin ich mir aber mittlerweile sicher, und er macht sozusagen das Geheimnis meines Erfolges aus: Ich nehme das Spiel anders wahr. Es ist eine Frage des Standpunkts, des Blickfelds. Ich habe irgendwie immer das Ganze im Blick. Ein klassischer Mittelfeldspieler schaut nach vorne und sieht seine Angreifer. Ich hingegen konzentriere mich auf den Raum zwischen ihnen und mir, um dort den Ball durchzubringen. Mehr Geometrie als Taktik. Und ich empfinde diesen Raum auch als weiter, als einfacher zu durchmessen, eine Tür, die sich leicht öffnen lässt. Man hat mich mit Gianni Rivera verglichen, dem großen Star des AC Mailand. Es heißt, diese Seite meines Spiels würde an ihn erinnern. Ich kann das nicht beurteilen, denn ich habe ihn nie spielen sehen. Ich persönlich habe mich noch nie in einem anderen Spieler wiedererkannt, weder in der Vergangenheit noch in der Gegenwart. Aber dafür ist ja noch Zeit. Ich suche keine Klone. Das interessiert mich nicht. Schließlich ist ja selbst Dolly nie dasselbe Schaf wie ihre Abkömmlinge. Außerdem reagiere ich nicht auf Druck. Ich kann damit umgehen. Am Nachmittag des 9. Juli 2006 in Berlin habe ich geschlafen und dann ein bisschen Playstation gespielt. Abends habe ich die Weltmeisterschaft gewonnen. Mein Lehrmeister in mentaler Hinsicht war Mircea Lucescu gewesen, der Trainer, der mich mit fünfzehn Jahren aus der U 17 herausgeholt und direkt in die erste Mannschaft integriert hat, in die Welt der Großen. Plötzlich trainierte ich mit Dreißigjährigen, die eher genervt waren, mich plötzlich zwischen den Beinen zu haben. Sie waren doppelt so alt wie ich und an manchen Tagen auch doppelt so bösartig.

»Andrea, spiel einfach weiter so wie in der U 17«, war der erste Satz, den mir Lucescu zuflüsterte. Und als braver Soldat gehorchte ich. Das hat nicht allen gefallen. Vor allem nicht den älteren Spielern, die auf dem Platz etwas zu sagen hatten. Verglichen mit mir, waren sie eine Altherrenriege. Eines Tages habe ich einen von ihnen dreimal ausgedribbelt, das vierte Mal hat er es mir heimgezahlt. Er beging das übelste Foul, das ich in meiner Karriere je erlebt habe. Er ging ganz bewusst auf meinen Knöchel. Keine Chance, jemandem einzureden, er hätte das nicht mit voller Absicht getan. Niemand hätte ihm geglaubt. Auch er dachte, ich wollte hier den Jungstar spielen. In Wirklichkeit tat ich nur, was Lucescu mir aufgetragen hatte. Der aber hatte mir lediglich zugezwinkert: »Alles okay. Das ist schon in Ordnung. Und mach bitte weiter so.«

Er war nett zu mir. Zwischendrin erhob er auch mal die Stimme und putzte seine Mannschaft runter: »Gebt Pirlo den Ball. Der weiß wenigstens, was er damit anfangen soll.« Die Geschichte einer seltsamen Freundschaft zwischen einem Ding und einem Menschen. Manche Dinge beherrsche ich einfach, ohne sie je geübt zu haben. Meinen ersten echten Triumph feierte ich, als die Tritte meiner Mannschaftskollegen weniger waren als die Zahl der Bälle, die sie mir überließen. Anfangs stand das Verhältnis 10 zu 1 (zehn Attacken auf einen Ball, der bei mir landete, und auch das nur aus Versehen). Mit der Zeit verbesserte sich dieses Verhältnis und nahm irgendwann mal akzeptable Formen an. Bis es sich schließlich ganz umkehrte.

Ich war froh darüber, vor allem auch für Papa, der sich im Stadion endlich eine Dauerkarte für die Mitteltribüne kaufte. Dort, wo das Sitzen am bequemsten war. Im Ledersessel. Und ohne Ohrenstöpsel. Die Neider nämlich waren in der U 17 verblieben.

3

Die Jungs, die mit mir in der U 17 von Brescia spielten, meinten es nicht böse, doch sie hatten mit einem schwierigen Problem zu kämpfen (und gingen aus diesem Kampf regelmäßig als Verlierer hervor): mit der Angst vor ihren Träumen. Sie erkannten, wie groß diese Träume waren, und ließen sich von ihrer Größe erdrücken. Und ich war für sie in diesem Kampf der schwarze Mann, der ihre Zukunftsträume zunichtemachte. Ich streckte ihnen die Hand hin, damit wir den Weg gemeinsam gingen, doch sie schlugen sie so gut wie immer aus. Und so blieben sie immer weiter zurück, bis sie den Wettkampf um eine Karriere als Profi ganz aufgaben. Dabei ist es doch besser, sich an den Ersten zu hängen und vielleicht Zweiter zu werden, als vom Gas runterzugehen und voll auf die Bremse zu steigen: Schade, dass sie das nie verstanden haben.

Und doch weiß ich, was sie dachten, als sie im Treibsand ihres Neids versanken. Ich habe heute noch im Ohr, wie sie im Chor immer dieselbe Hoffnung herbeteten, die noch im selben Moment erstarb, in dem sie ausgesprochen wurde: »Wir wollen bei Barcelona spielen. Oder bei Real Madrid.« Ich weiß, dass sie das dachten, weil sie es mir gesagt haben. Und ich weiß es, weil ich ihnen dasselbe gesagt habe. Fußballspieler zu werden ist nur der Anfang des Stoßgebetes, das jedes Kind gen Himmel schickt. Nur die Einleitung des Aufsatzes, den es in der zweiten Klasse schreibt. Gleich darauf folgt der Name der Mannschaft, für die man gerne spielen würde. Und Spanien war in unseren Unterhaltungen ein immer wiederkehrendes Thema. Ein Königreich, von dem wir besessen waren, eine Sehnsucht, ein Traum, ein ehrgeiziges Luftschloss, das wir mit unseren Worten bauten, während wir unser Pausenbrot verschlangen. Und unseren Fruchtsaft in unserer Vorstellung in Sangria verwandelten oder in *cerveza*. Zweimal hätte ich dieses Wunder fast vollbracht. Gerade im Sommer 2006 war ich sehr nah dran. Nach unserem fulminanten Einzug in Berlin und dem Gewinn der Weltmeisterschaft hatte ich den Kopf in einem fort in den Wolken. Ich kurvte auf dem Rad durch die Straßen von Forte dei Marmi, einem Badeort, in dem ich meinen Urlaub verbrachte, und schließlich weiter am Strand entlang. Die Leute hielten mich an, klopften mir auf die Schulter, die Fans grüßten mich und ich grüßte zurück. Ich nickte jedem zu und antwortete allen auf Spanisch.

»Grüß dich, Andrea.«

»Buenos días.«

»Was für ein wunderschöner Nachmittag, Andrea.«

»Buenas tardes.«

»Träum was Schönes, Andrea.«

»Buenas noches.«

»Hallo, Andrea.«

»Hola.«

»Wir fahren in Kürze nach Mailand zurück. Bis bald, Andrea.«

»Adiós.«

»Nehmen wir unseren Aperitif ein wie immer?«

»Hasta ahora.«

Wahrscheinlich dachte jeder, die Tatsache, dass wir Frankreich im Finale durch Elfmeterschießen geschlagen hatten, hätte mir eine satte Gehirnerweichung eingetragen. Schließlich wusste ja keiner, was wirklich los war: Damals spielte ich nämlich nicht mehr für Milan, sondern für Real Madrid. Im Kopf, im Herzen, in der Seele. Und mit einem Fünfjahresvertrag in der Tasche, der unterschriftsreif war. Sowie einem Salär jenseits von Gut und Böse. Offensichtlich hatte irgendjemand bei Milan Mist gebaut. Zumindest erzählte man sich das. Der Korruptionsskandal, der damals den italienischen Fußball erschütterte, war neben dem Sieg der italienischen Mannschaft in Berlin das zweithäufigste Gesprächsthema auf den Straßen und in den Zeitungen. An einem Tag lasen wir, dass Milan in die zweite Liga strafversetzt würde, am nächsten, dass man uns 15 Punkte abziehen würde, am übernächsten hieß es, wir bekämen unsere Preise und den Meistertitel aberkannt. An diesem Punkt beschlich mich ein Verdacht: Vielleicht war John Lennon ja gar nicht von Mark David Chapman erschossen worden. Vielleicht war es ja einer der Manager von Milan gewesen. Ein unglaubliches Chaos. Kein Mensch wusste, was los war, ich schon gar nicht, doch einer Sache war ich mir völlig sicher. Ich würde auf keinen Fall in die zweite Liga absteigen. Und ich würde mich nicht als Verräter fühlen, wenn ich das täte, denn schließlich will man immer ganz oben mitspielen, um edle Ziele spielen. Ich würde nicht für die Fehler der anderen bezahlen. Wer Mist baut, bezahlt. Die Scherben darf er ruhig selbst aufsammeln.

Fabio Capello rief an, der Trainer von Real Madrid. Und dann noch Franco Baldini, sein Sportdirektor. Jeder wollte mit mir reden. Und ich redete mit meinem Berater und bat ihn: »Tullio, hak doch mal nach, was Milan meint.« Ich hätte längst zurück in Milanello sein müssen, unserem Trainingscenter. So viel nämlich stand schon fest: Um in die Champions League zu kommen, musste Milan zwei Qualifikationsspiele gegen Roter Stern Belgrad bestreiten. Ich wollte ganz nach oben, das aber war der harte Boden der Wirklichkeit. Alle Milan-Spieler, die an der Weltmeisterschaft teilgenommen hatten, hätten damit nur insgesamt zehn Tage Ferien gehabt. Doch bevor ich wieder ins Training einstieg, meinte Tullio zu mir: »Warte noch. Ich rufe noch mal bei Real an. Wenn du nicht mehr in Forte dei Marmi bleiben willst, kehr in dein Haus in Brescia zurück. Und lass das Handy Tag und Nacht an, denn es wird bald klingeln.« Gesagt, getan. Und die Voraussage erwies sich als so exakt, dass Nostradamus wohl eifersüchtig geworden wäre.

»Hallo, Andrea. Hier spricht Fabio Capello.« Einer der erfolgreichsten Trainer aller Zeiten.

»Guten Tag, Mister. Wie geht es Ihnen?«

»Super. Aber dir geht es ja noch besser. Komm doch zu uns. Da könntest du im Mittelfeld neben Emerson spielen, den wir gerade von Juventus gekauft haben.«

»Ist gut.«

Es hat nicht lange gedauert, bis ich überzeugt war. Keine Minute, glaube ich. Auch weil ich den Vertrag schon gesehen hatte. Mein Berater, der längst in Madrid war, hatte ihn eingehend studiert. Ich und Tinti, wir waren wie zwei Verliebte, damals. Zwei Teenager, sozusagen mit Standleitung. Und deren Telefone ständig klingelten.

»Andrea, wir haben es.«

»Wunderbar, Tullio.«

In meiner Vorstellung sah ich mich schon im Real-Trikot: weiß, makellos und doch aggressiv. Mit der ganzen Härte seiner unschuldigen Farbe. Ich dachte ständig an das Bernabéu-Stadion, den Tempel, das Stadion, das den Gegnern Angst einjagte und sie zu geprügelten Sklaven am Hof der Königlichen machte.

»Und jetzt, Tullio? Was gibt es jetzt noch zu tun?«

»Wir sehen uns in ein paar Tagen zum Mittagessen.«

»Wo? In der Mesón Txistu an der Plaza de Ángel Carbajo?«

»Nein, Andrea. In Milanello.«

»Wieso in Milanello? Bist du verrückt?«

»Doch, in Milanello. Galliani muss noch zustimmen.«

Das war der Mann mit den Füllern.

Unvermeidlich. Und immer dasselbe Menü, das ich schon auswendig kannte: Vorspeise, Primo, Secondo und dann das umwerfende Eis mit den Krokantsplittern. Wir trafen uns in dem Raum, in dem normalerweise die Mannschaft aß. Er lag genau zwischen Küche und Kaminzimmer (in dem Berlusconi stets auf dem Klavier klimperte und die unterschiedlichsten Witze erzählte). Mitten zwischen der ärmsten und der reichsten »Gegend« des Sportzentrums, von denen Erstere Demut signalisierte, Letztere hingegen absolute Macht. Zwischen dem Ort, an dem man im Schweiße seines Angesichts kaum genug zum Leben verdiente, und dem, an dem man gerade so viel schwitzte, wie nötig war, um unglaubliche Mengen Geld zu scheffeln. Ich hingegen hing genau zwischen Milan und Real Madrid, auch im übertragenen Sinne.

Zuerst redete Tullio: »Andrea geht zu Real.«

Ich: »Ja, genau …«

Und Galliani, der mich fixierte: »Nein, mein Lieber, du gehst nirgendwohin.« Dann zog er ein Köfferchen unter dem Tisch hervor, und ich musste unwillkürlich lächeln, weil mir durch den Kopf schoss, dass dieser Koffer genauso gut versteckt gewesen war wie einst Monica Lewinsky im Oval Office von Bill Clinton. (Ich weiß, manchmal kommen mir einfach so verrückte Ideen.) Aus dem Koffer nahm der Füllermann einen Vertrag und meinte: »Du gehst nicht weg, weil du vorher das hier unterschreibst. Die Laufzeit beträgt fünf Jahre, Summe steht keine drin, die kannst du selbst einsetzen.« Tullio riss mir den Vertrag mehr oder weniger aus den Händen. »Den schaue ich mir zuerst an.« Er nahm sich Zeit. Er nahm den Vertrag mit nach Hause, las ihn von vorne bis hinten durch, einmal, zweimal … Ich war in der Zwischenzeit ins Trainingslager der Nationalmannschaft nach Coverciano abgereist. Einige Tage lang hörte ich nichts. Ich glaubte, alles sei in Ordnung, und fing an, auf Spanisch zu denken und zu träumen. Im Geiste war ich schon unterwegs, irgendwo zwischen der Plaza Mayor und der Puerta del Sol. Dann rief mich mein Berater an: »Unterschreib bei Milan. Im Augenblick lassen sie dich nicht weg.«

»Nein …«

»Doch.«

»Ist gut.«

Die Leute denken immer, dass gewisse Entscheidungen eine Ewigkeit dauern, Tage oder Monate, dass sie viel geistige und körperliche Energie kosten, aber meistens stimmt das gar nicht. Dann drängt der Instinkt uns zu einer Sache, die vertraglichen Bestimmungen aber verpflichten dich zu etwas ganz anderem. Dann dauert es gar nicht lange, Nein zu sagen, wenn auch mit blutendem Herzen. Danach erzählt man den Journalisten irgendeinen Scheiß, falls sie dir überhaupt die richtige Frage stellen. Wenn sie dich nämlich fragen, ob es stimmt, dass du deine Unterschrift fast unter einen fertigen Vertrag mit Real gesetzt hättest, dann musst du dich hinter vorgefertigten Phrasen verstecken, die man schon hundertmal gehört hat. Du musst Theater spielen, und zwar schlechtes, weil irgendein unfähiger Pressesprecher dir die Sätze so in den Mund legt: »Das ist nicht richtig. Ich fühle mich bei Milan wohl.« Ach, verpiss dich.

Schade, dass es so enden musste, denn zu Real wäre ich mit fliegenden Fahnen gewechselt. Es besitzt einfach mehr Zauber als Milan, eine strahlendere Zukunft und viel mehr Sex-Appeal. Es hat von allem einfach mehr. Darüber hinaus jagt Real seinen Gegnern Angst ein. Am Ende jener Saison aber ist es mir gelungen, mich zu trösten. Ich habe die Champions League gewonnen. Es hätte sehr viel schlechter laufen können.

Fabio Capello und Franco Baldini waren nicht gerade glücklich, als Tullio ihnen mitteilte, dass ich nicht nach Spanien kommen würde. Baldini allerdings verlor das Interesse an mir nie ganz. Jedes Mal, wenn wir uns treffen, kommt er zu mir, lächelt breit und meint: »Ich habe es ja nie geschafft, dich zu dem Klub zu holen, für den ich gerade arbeite. Aber früher oder später ...« Er hatte auch schon versucht, mich zur Roma (AS Rom) zu holen, bevor ich dann zu Juventus ging. Aber die Situation und die Umstände dort flößten mir (im Gegensatz zu ihm, der ein Sportdirektor mit Stil ist) nie viel Vertrauen ein. Vor allem die Eigentumsverhältnisse überzeugten mich nicht. »Wir machen die Roma wieder groß«, meinte Baldini immer, doch über die Amerikaner, die dort Mehrheitsaktionäre sind, verlor er kein Wort. Und das machte mich misstrauisch. Wären die Verhältnisse damals klar gewesen, hätte der neue Klub tatsächlich und nicht nur auf dem Papier existiert, hätte ich vielleicht sogar unterschrieben. Die Stadt ist schön, die Römer sind eine Klasse für sich, und das Klima ist herrlich dort. Doch den künftigen Präsidenten, Thomas DiBenedetto, hatte damals noch niemand gesehen. Die künftige Führungsriege sei ein Dreigestirn, hieß es: Pallotta, D'Amore und Ruane. Das erinnerte mich eher an ein Trio für den Schlagerwettbewerb in San Remo. »Di Pallotta, D'Amore, Ruane. Es dirigiert Meister Vince Tempera.« Mit diesen Worten wäre der Moderator vor den überbordenden Blumenschmuck im Teatro Ariston in San Remo getreten und hätte die nächste Darbietung angekündigt. Titel: »Trotz allem: Danke, Rom!«

Und danke Spanien, *siempre*. Denn neben Real Madrid hat mich auch Barcelona umworben. Die andere Hälfte des Traumes.

4

Gleich nach dem Rad ist die Playstation die tollste Erfindung der Menschheit. Und seit es die Playstation gibt, seitdem bin ich dort Barcelona. (Nur damals, als ich zu Milan ging, lagen die Dinge kurze Zeit mal anders.) Ich weiß wirklich nicht, wie viele Fußballspiele ich auf der Playstation schon absolviert habe, aber alles in allem dürften es etwa viermal so viele virtuelle Spiele gewesen sein wie reale. Meine Partien gegen Alessandro Nesta waren der Klassiker in Milanello: Wir kamen früh dort an, frühstückten um neun Uhr und zogen uns dann zum Spielen bis um elf ins Zimmer zurück. Danach Training, Mittagessen und die nächste Partie auf der Bude bis um vier Uhr nachmittags. Ein Leben voller Entbehrungen. Unsere Spiele waren pures Adrenalin. Ich entschied mich für Barcelona, aber Sandrino auch. Barça gegen Barça. Der erste Spieler, den ich mir als Alter Ego aussuchte, war Samuel Eto'o, der Schnellste von allen. Und doch verlor ich immer wieder. Dann wurde ich sauer, pfefferte den Joystick durch die Gegend, verlangte Revanche und verlor wieder. Doch die Ausrede, dass der Gegner nun mal einen besseren Trainer hatte, zog hier einfach nicht. Schließlich hatte Sandrino Pep Guardiola und ich ebenfalls. Zumindest, was die Bank angeht, waren wir gleich stark. Wir haben schon überlegt, ob wir ihn nicht entführen sollten. Den echten natürlich. Das war am 25. August 2010, als Milan im Camp Nou gegen Barça um den Sieg im Gamper-Turnier spielte. Aber wir haben uns dann doch anders entschieden. Wir hätten ihn dann ja zweiteilen müssen, um uns nicht in die Haare zu kriegen. Insgesamt keine so gute Idee, und Pep hätte es vermutlich ziemlich wehgetan.

Ursprünglich stammte die Kidnappingidee ja eigentlich von Guardiola selbst, der mich just an jenem Abend verschleppte. An jenem Abend im Camp Nou entriss er mich der Fürsorge mir nahestehender Menschen, die mir, wie sich herausstellen sollte, dann doch nicht so nahestanden, wie ich dachte. Wie auch immer.

Am Ende des Spiels rannten alle Zlatan Ibrahimović nach, einem Irren, einer von seinem Berater (dem legendären Mino Raiola) scharf gemachte Zeitbombe. Der Schwede war auf Kollisionskurs mit den Katalanen und drauf und dran, zu Milan zu gehen. Einige meiner Mannschaftskameraden wollten mit ihm reden, um ihn zum Wechsel zu bewegen. Und ein paar katalanische Spieler wollten ihn davon abhalten. Und dann waren da natürlich noch die Journalisten, die ihn dazu bringen wollten, die eine oder andere Katze aus dem Sack zu lassen. Und prompt kam auch ein Kätzchen zum Vorschein: »Es wäre schön, in San Siro zu spielen, in derselben Mannschaft wie Ronaldinho. Hier redet der Trainer ja nicht mit mir. In den letzten sechs Monaten hat er nur zweimal mit mir gesprochen.« Kein Wunder. An jenem Abend jedenfalls redete Guardiola lieber mit mir. Er hatte das ganze Chaos, als sich die gesammelte Aufmerksamkeit einmal nicht auf ihn konzentrierte, genutzt, mich in sein Büro einzuladen. Ich kam gerade aus der Umkleidekabine, als ein Jugendfreund und Mann seines Vertrauens mich abfing, eine Art 007 in Flip-Flops: Manuel Estiarte, der in seiner zurückliegenden Sportlerkarriere einer der größten Wasserballspieler aller Zeiten gewesen war. Er war quasi der Zweite, der die Kunst beherrschte, auf dem Wasser zu laufen.

»Andrea, könntest du mal mitkommen? Der Trainer will dich kennenlernen.« So ohne Schwimmkappe hätte ich ihn fast nicht wiedererkannt. Dann aber sah ich ihn genauer an und ein leichter Geruch von Chlor stieg mir in die Nase.

»Ist gut. Vamos.«

Ich habe mich nicht lang bitten lassen. Ich trat ins Büro, die Einrichtung dort war ausgesprochen schlicht, auf dem Tisch stand Rotwein. »Das geht ja gut los«, entfuhr es mir unwillkürlich. Glücklicherweise hat der meistbeneidete Coach der Welt das nicht gehört. Sein Ton war meinem sehr ähnlich. Der große Gestus ist nicht unser Ding.

»Setz dich, Andrea«, sagte er in perfektem Italienisch.

Ich schenkte der Umgebung nicht groß Beachtung, sondern konzentrierte mich ganz auf ihn. Guardiola hatte sich auf einem der Sessel niedergelassen. Und er erzählte mir von Barcelona, das eine Welt für sich sei, ein vollkommener Mechanismus, der sich selbst erfunden habe. Er trug eine dunkle Hose vom selben Ton wie seine Krawatte und ein weißes Hemd. Er war ebenso elegant gekleidet, wie er sprach.

»Danke, dass du mit zu mir gekommen bist.«

»Danke, dass du mich eingeladen hast.«

»Wir brauchen dich hier.«

Offensichtlich redete er nicht lange um den heißen Brei herum und kam schnell zur Sache. Als Spieler hatte er das Spiel geprägt, als Trainer hatte er gelernt, sofort zum Angriff überzugehen. Und immer absolut stilsicher.

»Wir sind stark. Es geht fast nicht besser, doch du wärst das Sahnehäubchen. Wir suchen einen Mittelfeldspieler, den wir neben Xavi,

Iniesta und Busquets einsetzen könnten, und das bist du. Du hast alle nötigen Qualitäten, um für Barcelona zu spielen, vor allem eine: Du bist ein Ausnahmespieler.«

Während dieser dreißig Minuten habe ich kaum etwas gesagt, sondern ihn reden lassen. Ich hörte zu, wenn ich überhaupt etwas zum Gespräch beitrug, dann nickte ich. Diese Begegnung war so überraschend gekommen, dass meine Reflexe nicht mehr richtig funktionierten, ich war eher benommen als aufgeregt. Er hatte mich kalt erwischt. Ich war überwältigt, aber auf positive Weise.

»Weißt du, Andrea, wir sind auf dich zugekommen, weil wir die Dinge hier nun einmal so erledigen. Hier wird keine Zeit verplempert. Wir wollen dich sofort kaufen. Mit Milan haben wir schon geredet, sie haben Nein gesagt. Aber wir geben uns nicht so schnell geschlagen, wir sind schließlich Barcelona. An bestimmte Antworten sind wir gewöhnt, aber am Ende entwickeln sich die Dinge dann doch immer wie gewünscht. Wir werden es wieder probieren. Und du kannst ja in der Zwischenzeit auch versuchen, was geht.«

Bis zu diesem Augenblick hatte ich von den Verhandlungen noch nicht ein Wort erfahren. Niemand hatte mir irgendetwas gesagt. Da war ein Megatransferdeal auf dem Markt für die Luxusgüter des Fußballs geplant, dessen Gegenstand ich war, und ich wusste von nichts.

»Wenn du zu uns kommst, wirst du merken, dass dieser Ort einzigartig ist. Unser Juwel ist La Masia, unsere Jugendakademie. Keinem anderen Klub steht so etwas zur Verfügung. Die Akademie ist wie ein Schweizer Uhrwerk, ein Orchester, in dem es keine Misstöne gibt. Daraus gehen jedes Jahr Spieler hervor, die die notwendigen Fähigkeiten mitbringen, unser Trikot zu tragen. Wir machen uns die Meister im eigenen Haus. Von dir mal abgesehen. Es ist wirklich schön hier, aber auch recht anstrengend. Auch die Siege laugen einen aus.«

Nein, das hatte ich nun wirklich nicht erwartet. Das hatte ich davon, dass ich immer Playstation gespielt hatte: Ich wurde jetzt von ihr eingesaugt. Und nun spielte ein Zauberer mit mir. »Du musst einfach zu uns kommen, Andrea. Du hast mir als Spieler immer gefallen. Ich möchte dich trainieren.«

Ich habe sofort an Sandrino gedacht. Er würde vor Neid platzen, wenn ich ihm das erzählte. Schließlich sackte ich gerade die fünfzig Prozent von Guardiola ein, die ihm gehörten.

»Auch wenn Milan für den Moment Nein sagt: Wir lassen nicht locker. Dann werden wir ja sehen, was passiert.«

Wie zu Real Madrid wäre ich zu Barcelona eher geflogen als gegangen, mehr noch vielleicht. Damals war Barcelona die erfolgreichste Mannschaft der Welt. Muss ich noch etwas sagen? Die Mannschaft hat ein Spiel eingeführt, das bis dahin unbekannt war: Kurzpässe, Kurzpässe, Kurzpässe und schier endloser Ballbesitz. Ihre Philosophie war: »Wir haben den Ball und behalten ihn auch.« Dazu kamen intuitive Eingebungen, die von Gott persönlich zu stammen schienen. Eine Rolex mit Swatch-Batterien. Unglaublich raffiniert und nicht kaputt zu kriegen.

»Wir hören bald voneinander. Guten Rückflug nach Mailand. Und ich hoffe, dass du nicht mehr allzu lange dort bist.«

»Vielen Dank. Das war ein sehr interessantes Gespräch.«

***

Ich trat aus dem Büro und glaubte zu träumen. Als einer der Letzten stieg ich in den Mannschaftsbus, aber das schien niemand zu bemerken. Die meisten Spieler drückten sich die Nase an der Fensterscheibe platt, um Ibrahimović bei seiner Gratwanderung zuzusehen. Auf einer Seite die ersterbende Flamme bei Barcelona, auf der anderen der verheißungsvolle Funke bei Milan, der sich zum Flächenbrand auswachsen würde. Zlatan und ich zog es in gegensätzliche Richtungen, doch von seinem möglichen Transfer wusste alle Welt, von meinem niemand. Würde aus der Anfrage eine echte Liebesgeschichte, wäre ich bei einem großen Verein, der von einer ganz anderen Philosophie geprägt war, was mir gefallen hätte. Die Verhandlungen zogen sich noch eine Weile hin, am Ende aber gab Milan nicht nach. Das war ja klar. Damals dachten sie noch, ich würde das eine oder andere zustande bringen, daher wollten sie mich behalten. Es kam nie zu ernst gemeinten Verhandlungen mit Barcelona. Worte, kurze Gespräche, ein bisschen Hin und Her: mehr nicht.

Von Guardiola trainiert zu werden wäre ein Glück für mich gewesen, da er seinen Mannschaften tatsächlich seinen Stempel aufdrückt. Er baut sie auf, formt sie, führt sie, brüllt sie an, verwöhnt sie. Er macht sie groß. Er führt sie auf eine höhere Ebene, wo es noch mehr gibt außer Fußball. Ibrahimović wollte Guardiola beleidigen, als er ihn einen »Philosophen« schimpfte. In Wirklichkeit ist es ein Riesenkompliment. Denn es ist die Aufgabe des Philosophen zu denken. Er strebt nach Weisheit, sucht nach einer grundlegenden Idee, die dich antreibt und leitet, die den Dingen einen Sinn verleiht. Die dir erlaubt, dich in der Welt zu bewegen, weil du glaubst, dass am Ende das Gute über das Böse siegt, auch wenn es leidvolle Erfahrungen gibt. Guardiola hat sich diese Dinge zu eigen gemacht und sie auf den Fußball angewendet, auf eine unvollkommene Wissenschaft. Er hat sein Gehirn angestrengt und den Nebel verscheucht, mehr durch die Kraft harter Arbeit als durch die des reinen Denkens. Das war kein Wunder, er hat seine Spieler vielmehr ganz sachte programmiert. Eine echte Crema catalana eben, ein großartiges Dessert, das in seinem Fall auch noch leicht verdaulich ist. Virtuelle Realität, die sich mit dem wahren Leben vermengt. Eine Gratwanderung zwischen Bühne und Wirklichkeit, an der Seite von Estiarte.

Anders ausgedrückt: die Welt der Playstation.

5

Guardiola besetzte auf der Playstation die Zen-Ecke, den Reinraum der Festplatte, das geheime Zimmer in jenem Schatten, in den am 9. Juli 2006, dem Tag des WM-Finales in Berlin, auch ich eintrat. Ein seltsamer Raum, wenig besucht, man tappt eher durch Zufall hinein. Mein Besuch dort war kurz, aber unvergesslich, schwerer zu verstehen, als zu erzählen. Er nimmt einen vollkommen in Beschlag. Man fühlt sich gefangen, aber trotzdem wohl. Eine Sekunde lang glaubt man zu ersticken, in der nächsten hast du das Gefühl, reinste Bergluft zu schnuppern. Du schließt die Augen und siehst alles Mögliche vor dir. Dann öffnest du sie wieder und die Farben um dich herum verschwimmen, nehmen neue Formen an. Bis dann die Formen verschwimmen, der Kopf macht, was er will. Du fliegst. Du schwebst in einer Gondel, getragen von tausend Gedanken, die einen gefährlichen Sog entfalten können.

Ich habe zu Fuß wohl so einige Kilometer zurückgelegt, doch was mich wirklich schafft, sind die kurzen Distanzen, auf denen geistige Stärke gefragt ist, nicht Schnelligkeit. Für Neil Armstrong war das sein Spaziergang auf dem Mond. Für mich der grüne Rasen im Olympiastadion von Berlin. Es gibt da einen Moment in diesem Finale gegen Frankreich, den ich ganz besonders als meinen erlebt habe. Als Marcello Lippi, damals Nationaltrainer von Italien, am Ende der Verlängerung auf mich zukam, schrillten in meinem Kopf die Alarmglocken. Ich hätte ja gerne gehabt, dass sie noch heftiger lärmten, doch sie waren nicht laut genug, um die wenigen Worte zu übertönen, die dieser unfassbar gute Trainer mir sagte: »Du fängst an.« Genauer hieß das: Du schießt den ersten Elfmeter. Dass man sofort an den Elferpunkt muss, dass man der Erste ist bei der Kurzzeitfolter in einer der unglaublichsten Partien, die ein Spieler je bestreiten oder sich auch nur vorstellen kann, ist nicht unbedingt eine gute Nachricht. Es heißt zwar, dass man dich für den Besten hält, aber wenn du nicht verwandelst, bist du das Arschloch schlechthin.

»Ich ziehe nach rechts durch. Nein, nach links, denn das ist die schwache Seite des Torwarts. Oder ziehe ich den Ball hoch in die Ecke? Dann ist es sicher ein Tor. Und wenn ich schlecht treffe, und der Ball fliegt auf die Tribüne?«

Meine Gedanken schossen hin und her wie beim Autoscooter. Ich wusste nicht, was ich tun sollte, denn das Schlimmste sollte ja erst noch kommen. Wenn ein Fußballspiel auf diese Weise entschieden wird (einer gegen Millionen), wenn der Torwart eine ganze Nation abwehren muss, geht dem ein sadistisches Ritual voraus, das dir zeigt, was dich erwartet. Ein Opfergang, dem du dich nicht entziehen kannst. Die beiden Mannschaften versammeln sich im Mittelkreis. Wer den Elfmeter schießen muss, steht auf und geht auf das Tor zu. Diesen Moment wünsche ich meinem schlimmsten Feind nicht. Nur fünfzig Meter zu gehen, doch in Wahrheit ist dies ein Leidensweg, der dich deinen schlimmsten Ängsten entgegenführt. Der Vergleich mit der »Grünen Meile«, die in den Gefängnissen der USA die Todeszelle vom Todestrakt trennt und die vom Verurteilten durchschritten werden muss, ist vielleicht ein wenig überzogen, gibt aber eine Vorstellung davon, welchen Charakter das Ritual annimmt. Ich stand also auf. Ich war dran. Und instinktiv entschied ich mich: »Ich ziehe ihn in die Mitte, leicht nach oben, denn Barthez taucht gerne ab. Dann kriegt er ihn nicht und kann ihn auch nicht mit den Beinen halten.«

Was für eine Qual. Innen und außen. Der Sturm im Inneren, das Chaos draußen. Diese wenigen Meter sind vollgestopft mit Emotionen. Ich bin bewusst langsam gegangen. Unbewusst wollte ich wohl nichts verpassen, wollte aufsaugen, was immer möglich war. Ich werde nie diesen Gang vergessen, der mich über alles andere hinaustrug, der Sekunden zu Stunden werden ließ und jeden Schritt zu einer dramatischen Geschichte. Es gelang mir nicht ganz. Letztlich entging mir doch vieles, nur einige Splitter habe ich noch im Gedächtnis. Ich hatte den Blick auf den Rasen unter mir geheftet, als wäre er nicht wie alle anderen. Als würden meine Stollen sich in viel weicheres Grün graben als üblich. Ich hatte mir die Namen meiner Kinder auf die Schuhe drucken lassen. Vielleicht versuchte ich ja deshalb, mich so ruhig wie möglich zu bewegen: um ihnen keine harten Stöße zu versetzen. Hin und wieder hob ich den Blick, richtete ihn auf den Horizont, auf den Endpunkt meines Weges. Und statt Barthez zu sehen, blickte ich ins Blitzlicht der Fotografen, die hinter dem Tor Aufstellung genommen hatten.

»Hoffentlich blenden sie mich nicht und machen mir Ärger.«

Ich war am Elfmeterpunkt. Ich nahm den Ball. Er wog so schwer wie der Druck, der auf meinen Schultern lastete. Ich suchte den Blick Buffons, ohne ihn zu finden. Ein einziges Zeichen von ihm hätte mir schon geholfen, eine Geste, ein Rat. Doch Gigi hatte im Moment keine Zeit für meine Probleme, er konzentrierte sich ganz auf die Mannschaft. Ich strich über den Ball wie immer. Ich hob die Augen zum Himmel und bat um Unterstützung, denn wenn es Gott wirklich gibt, dann konnte er doch wohl kein Franzose sein. Ich atmete einmal tief durch. Ein langer Seufzer. Mein Seufzer, aber er hätte genauso gut von einem Arbeiter sein können, dessen Geld mal wieder nur knapp bis zum nächsten Ersten reicht, von einem reichen, dümmlichen Unternehmer, einer Lehrerin, einem Schüler, von den alten Emigranten, die uns in Deutschland nicht im Stich gelassen haben, von der Mailänder Signora oder von der Nutte am Eck. In diesem Moment war ich all diese Menschen.

Ich weiß, es hört sich merkwürdig an, doch in ebenjenem Moment verstand ich, wie schön es war, Italiener zu sein, ein unglaubliches Privileg. In den sinnentleerten Reden der Politiker, die nicht mehr wissen, was sie sagen, und an sich raffen, was sie nur erwischen können, habe ich dieses Gefühl nie gefunden. Auch nicht in den Geschichtsbüchern, was daran gelegen haben mag, dass ich sie erst gar nicht aufschlug und stattdessen verstauben ließ. (Meine Eltern hatten recht. Das war ein Fehler.) Nie hätte ich gedacht, dass der Augenblick vor einem Elfmeter mir auf so wunderbare Weise die Augen öffnen könnte, mich eintauchen ließe in ein allgemeines Beben. Ich sah mich als Teil eines Räderwerks, einer unvollkommenen Maschine, voller Fehler, schlecht geführt, alt und doch auf geheimnisvolle Weise eins. Italien ist ein Land, das man liebt, eben weil es so ist.

Ich schoss das Tor. Aber selbst wenn ich danebengeschossen hätte, wäre mir dieses Gefühl geblieben, verstärkt vielleicht noch von der Verzweiflung. Es ist eine unglaubliche Erfahrung zu spüren, wie das, was man selbst empfindet, durch Millionen Menschen geht, im selben Augenblick, aus denselben Gründen. In den verschiedensten Städten, die bis vor einer Minute noch Rivalen waren oder einfach nur zu unterschiedlich, um irgendeine Gemeinsamkeit zu finden. Dieser warme Schauder, eine Sekunde bevor der Ball reinging, ist vermutlich die wahrhaftigste Empfindung, die mir je widerfahren ist. In den folgenden Monaten redete ich immer wieder mit meinen Mannschaftskameraden in der Umkleidekabine. Dabei entdeckte ich, dass ich keineswegs der Einzige war, der aus Deutschland mit Überlegungen zurückkam, die viel zu denken und zu diskutieren gaben.

Dieser Elfmeter half mir auch, mich zu definieren. Wie üblich, glaubt mir niemand, aber ich persönlich identifiziere mich mehr mit dem Pirlo, der 2006 den Elfmeter mittig setzte, als mit dem, der ihn 2012 bei der Europameisterschaft gegen England mit einem Lupfer über den Torwart hob. Auch wenn in beiden Fällen das Ziel dasselbe war: die beste Lösung wählen, um die Möglichkeit eines Fehlschusses so tunlichst zu vermindern. Damit wir uns richtig verstehen: Ich bin nicht so vorgegangen wie Francesco Totti, der bei der Europameisterschaft 2000 im Spiel gegen Holland zuerst zu Di Biagio und Maldini sagte: »Na, jetzt lege ich ihnen einen Lupfer hin.« Ich habe mich erst in letzter Sekunde entschieden, als ich Joe Hart, den englischen Torwart, auf der Linie ein Riesentamtam machen sah. Ich lief an und wusste noch nicht, was ich tun würde, da sah ich ihn sich bewegen und in diesem Moment erst fiel die Entscheidung. Unmittelbar, nicht überlegt. Das schien mir der beste Weg, um eine hundertprozentige Chance herauszuarbeiten. Kein Exhibitionismus. Das ist mir fremd. Aus dieser Geste lasen viele vorgebliche Experten in allen möglichen Ländern geheime Botschaften heraus. Dass ich vom Wunsch nach Rache getrieben gewesen sei. Dass ich diesen Schuss zwischen den einzelnen Partien immer und immer wieder geübt habe. Mal abgesehen davon, dass wir in den letzten Tagen der Europameisterschaft praktisch nicht mehr trainiert hatten (die ständigen Reisen zwischen Polen und der Ukraine hatten uns Zeit und Energie geraubt): Glaubt irgendjemand tatsächlich, dass man eine Situation wie diese im Voraus planen kann? Dann bist du entweder Totti oder ein Seher oder ein Idiot.

Dass ich diesen Ball so spielen würde, wusste niemand. Aus dem einfachen Grund, dass ich es selbst nicht wusste. Mir ist klar, dass ich mit dieser Erklärung einige Leute enttäusche, andere Lügen strafe, aber Tatsache ist: Die Wahrheit ist weit weniger romantisch, als es den Anschein hat. Ich habe den Ball aus purem Kalkül weit unten getroffen. In diesem Augenblick war dies der am wenigsten gefährliche Schuss. Der sicherste. Der effektivste, um es mit den Worten jener Menschen zu sagen, die sich gerne gewählt ausdrücken. Aber es stimmt schon: Im kollektiven Gedächtnis ist dies eine sehr schöne Methode, um gegen einen Gegner zu gewinnen, der zu den Favoriten zählt, das Resultat zu korrigieren und eine drohende Niederlage in einen Sieg zu verwandeln, das Aus in die Qualifikation fürs Halbfinale. Aber all das ist in einem winzigen Augenblick geschehen. Zumindest soweit es mich angeht. Aber auch meine Teamkameraden waren bass erstaunt und bedrängten mich mit Fragen. Zuerst haben sie mir Komplimente gemacht, aber gleich darauf kam da diese Frage, die allen im Kopf herumspukte. Wie die Kinder – mochten sie auch mit Erwachsenenstimme sprechen – verlangten sie von mir unisono, einen einzigen Zweifel für immer auszuräumen, einen Zweifel von fast existenziellem Ausmaß. »Andrea, sag mal, bist du verrückt?«

Sie waren verblüfft. Ich nicht. Ich wusste ja, warum ich es gemacht hatte. Und für wie viele Menschen.

6

Es ist kein Zufall, dass man so starke Emotionen gerade dann empfindet, wenn man im Trikot der Nationalmannschaft steckt. Blau ist die Farbe des Himmels, und der Himmel gehört allen. Mag er mitunter auch wolkenverhangen sein, sodass man seine Fantasie bemühen muss, um sich sein Blau vorzustellen, aber er ist da.

Nach der Weltmeisterschaft 2014 in Brasilien werde ich meine Karriere in der Nationalmannschaft beenden. Ich werde mein Herz an den Nagel hängen. Bis dahin aber sollte sich niemand erlauben – abgesehen von Cesare Prandelli, wenn er dafür technische Gründe haben sollte –, mich auf einen eventuellen Rücktritt anzusprechen. Ich werde zu diesem Zeitpunkt 35 Jahre alt sein, Zeit, jemand anderem eine Chance zu geben. Möglicherweise werde ich mich nicht mehr so nützlich fühlen, wie ich es zurzeit tue und in der Vergangenheit getan habe – aber, um das klarzustellen, dieser Zeitpunkt ist noch nicht gekommen.[1]

---

1 Anm. d. Verlags: Andrea Pirlo hat seinen angekündigten Rücktritt aus der Nationalmannschaft nach der WM 2014 vorerst nicht umgesetzt.

Teil dieser Mannschaft zu sein hat mir immer ein wohliges Gefühl verschafft. Da war ich im Einklang mit mir selbst, war entspannt. Häufig ist es sogar ein besseres Gefühl als Sex: Es dauert länger, und wenn du patzt, kann das nicht nur deine Schuld sein. Ein Beispiel gefällig? Ein Spieler wie Cassano behauptet von sich, mit siebenhundert Frauen im Bett gewesen zu sein. Aber ab einem bestimmten Punkt wurde er nicht mehr zur Nationalmannschaft berufen. Kann so jemand glücklich sein? So richtig? Ich wäre es nicht. Denn diese zweite Haut, die in Italien dieselbe Farbe hat wie die Schlümpfe, verleiht einem in der ganzen Welt Ansehen. Sie macht uns besser und hebt uns auf eine höhere Ebene. Besser ein Kämpfer auf dem Rasen als im Bett. Sobald die Nationalhymne angestimmt wird, stehst du für alle. Der Solist wird zum Orchester. Und theoretisch dürfte man der Nationalmannschaft nie Ade sagen. Es sollte der Trainer sein, der diese Entscheidung für dich trifft. Das macht alles weniger kompliziert, leichter zu verkraften.

Wenn es nicht gerade um Freundschaftsspiele ging, hat kein Klub, für den ich je gespielt habe, Druck ausgeübt, damit ich auf einen Einsatz in der Nationalelf verzichte. Solch ein Ansinnen hat man an mich nie herangetragen, weil jeder wusste, dass meine Antwort wenig freundlich ausgefallen wäre. Ich glaube, wenn mir das je passieren würde, müsste ich gar nicht lang überlegen. Ich würde mich schon instinktiv gegen die Wünsche der Klubmanager auflehnen. Das ist letztlich ganz einfach: Italien ist wichtiger. Wichtiger als Inter, Milan oder Juventus. Wichtiger als jeder Verein. Etwas Größeres gibt es nicht.

Im Trainingslager in Coverciano stört es mich gewaltig, wenn ich höre, dass die Klubs nur an sich selbst denken. Dass sie an Italien nur denken, wenn es um Welt- oder Europameisterschaften geht. Dabei springen sie gern auf den Triumphzug auf, wenn es am Ende der Turniere etwas zu feiern gibt. Und feiern »unseren Sieg« – der in meinen Augen für die Klubs nur ein symbolischer sein kann. Da zählt die Meisterschaft, der Pokal, die Champions League, und alles andere kümmert niemanden, außer während der wenigen Wochen alle zwei Jahre, in denen es ein Turnier gibt. Dieser Stolz mit Verfallsdatum macht mich immer wütend. Ich finde das verletzender, als die meisten Menschen sich wohl vorstellen können. Die Spieler wissen, dass sie Ärger mit ihren Klubs bekommen, wenn sie sich während einer Partie für die Nationalmannschaft verletzen. Doch ich werde mich deshalb nie zurückhalten oder gar eine Partie versäumen. Für mich wäre das wie Hochverrat.

Ich hatte mein Debüt im Nationaltrikot, als ich als Junge in der U 15 spielte. Seitdem habe ich es nicht mehr abgelegt. Ich habe den gesamten Dienstweg durchlaufen. Ich stelle mir das immer vor wie eine Treppe, deren Ende man nicht sehen kann. Aber auf jedem Absatz findet sich ein Wegweiser: Hier geht's zum Paradies. Um die Wahrheit zu sagen, war mein Debüt in der U 15 nicht ganz rechtmäßig. Ich war noch nicht alt genug. Doch der Mann, der die Auswahl traf, Sergio Vatta, hat mich trotzdem berufen, damit ich ein bisschen Erfahrung bekomme.

Natürlich hätte man die Papiere ein wenig frisieren können, aber das ist nicht korrekt, auch wenn wir einige Jahre später in Brescia ebendas taten, damit ich dort im Campionato Primavera spielen konnte, der Meisterschaft für Nachwuchsmannschaften. Die Frauen machen sich gerne jünger, mich hat man älter gemacht. Und wenn ich einen Ruf erhielt, war ich glücklich. Schließlich musste ich dann drei Tage lang nicht in die Schule: Damals waren meine Prioritäten nun mal andere. Später habe ich das alles nachgeholt, habe sozusagen einen höchstpersönlichen Schnellkurs gemacht: Ich reiste für Italien (Geografie), gewann (Geschichte), rannte (Sport) und lernte Guardiola kennen (Philosophie, Kunstgeschichte, kein Spanisch, aber ein bisschen Katalanisch).

Ich habe Glück gehabt. Mein Trikot hat einen exzellenten Ruf. Und ich war immer schon ein Ultra der Nationalmannschaft, ein leidenschaftlicher Fan. An die WM 1986 kann ich mich zwar kaum erinnern, doch Italien 1990 ist mir noch lebhaft im Gedächtnis. Vor allem den WM-Song von Edoardo Bennato und Gianna Nannini – *Un'estate italiana* – kann ich noch heute auswendig: *Ein Lied kann die Regeln des Spiels vielleicht nicht verändern, aber ich werde dieses Abenteuer trotzdem leben, ohne Grenzen und mit dem Herz auf der Zunge ...* Für die jungen Fußballer meiner Generation wurde dieses Lied zur Hymne. Als wir 2006 nach Deutschland fuhren, hatten wir es alle auf dem iPod. Der eine oder andere hörte es auch während der EM 2012. Es ist immer noch aktuell, selbst heute noch, nach zweiundzwanzig Jahren. Wie die Lieder von Lucio Battisti. Er ist unsterblich und das Universum seiner Emotionen ebenfalls.

Ohne Verfallsdatum sind auch die Beziehungen, die sich rund um die Nationalelf entwickelt haben, echte Freundschaften auf höchstem Niveau. Raum 205 in Coverciano ist ein spartanisch eingerichteter Raum. Aber voll von Geheimnissen. Zwei Betten, ein winziges Badezimmer, ein ebenso winziger Balkon. Das ist das Zimmer, das ich zuerst mit Nesta und dann mit De Rossi teilte – den beiden Extremen des römischen Fußballs. Sandrino Nesta spielte bei Lazio, Daniele beim AS Rom. In Deutschland aber vereinten sie seelische Qualen, mit denen beide allein nicht so recht fertig wurden. Also haben wir es einfach zu dritt versucht. Nesta verletzte sich quasi sofort, noch in der Gruppenphase im Spiel gegen Tschechien. Das gab richtig Tränen. Sandrino war angespannt, vollkommen kaputt und weigerte sich, mit irgendjemandem zu reden außer Daniele und mir. Lippi gab uns manchmal den Abend frei, dann nahmen wir Sandrino irgendwohin zum Essen mit. Wir wollten ihn ablenken, aber er sagte immer nur dasselbe: »Ich fühle mich nicht als Teil dieser Mannschaft. Ich verletze mich ständig.« Einmal wollten wir mit dem Auto von Düsseldorf in unser Quartier bei Duisburg zurückkehren. Sandrino fuhr. (Barzagli war auch mit von der Partie.) Plötzlich schrie zuerst ich auf, dann auch noch Daniele: »Du fährst falsch! Wir müssen da vorne raus – nach ›Ausfahrt‹«.

»Aber ...«

»Aber was? Fahr raus, Sandrino, fahr raus.«

»Seid ihr euch sicher?«

»Natürlich. Fahr raus, sonst kommen wir zu spät und müssen Strafe zahlen.«

Zu diesem Zweck musste er eine recht gewagte Vollbremsung hinlegen, von hundert auf null in fünf Sekunden, etwas in der Art. Und natürlich drehte sich der Wagen in einer Haarnadelkurve und wir mussten von der Straße runter. Natürlich fanden wir uns an einem gottverlassenen Ort wieder. Kein Licht, nur Felder, die sich bis an den Horizont erstreckten. Eine Szenerie, die direkt aus *Kinder des Zorns* genommen schien, dem schlechtesten Film, den ich je gesehen habe. Wir hatten uns verfranzt. Ich und Daniele lachten, Nesta aber machte sich Sorgen: »Was gibt es da zu lachen, verdammt noch mal? Wie sollen wir denn jetzt zurückkommen?«

»Sandrino ...«

»Verflucht noch eins, es steht doch eh schon in jeder Zeitung, dass ich am Überschnappen bin. Jetzt werden sie auch noch schreiben, ich sei der erste italienische Fußballer, der bei einem WM-Turnier verloren ging.«

»Sandrino ...«

»Ach, verdammt, wo sind wir hier nur?«

»Sandrino ...«

»Könnt ihr jetzt endlich mal aufhören rumzugackern? Was wollt ihr denn?«

»Sandrino, ›Ausfahrt‹ ist das deutsche Wort für ›uscita‹!«

Er hat uns keine Abreibung verpasst, sonst hätte er sich wohl auch noch am Arm verletzt, Lust hätte er allerdings gehabt. Ich hätte nie geglaubt, dass ein einzelner Mensch so viel fluchen kann wie Sandrino an jenem Abend. Doch wir hatten erreicht, was wir uns vorgenommen hatten: Wenigstens für ein paar Stunden dachte er an etwas anderes und amüsierte sich.

Bis kurz vor dem Halbfinale gegen Deutschland in Dortmund hielt Sandrino nun ganz gut durch. Im Training unterzog er sich einem Fitnesstest, um festzustellen, wo er ungefähr stand: Wenn er nämlich tatsächlich wiederhergestellt war, dann hätte er durchaus aufs Feld zurückkehren können. An einem bestimmten Punkt hob er das Bein nur unmerklich an, doch auf seinem Gesicht malte sich die schreckliche Gewissheit ab, dass etwas massiv nicht stimmte. Er hatte sich eine Zerrung zugezogen. Für ihn war das der Tod, aber auch uns ging es nicht besser damit, hatten wir doch genau mitverfolgt, wie seine Hoffnung langsam zurückzukehren schien. Vor Lippi und dem Rest der Mannschaft riss er sich noch zusammen, im Zimmer aber war es vorbei: Ich glaube, ich habe nie jemanden so viele Tränen auf einmal vergießen sehen. Er wollte nicht, dass man ihn in diesem Zustand sah. Ich kenne ihn: Es muss ihn eine geradezu unmenschliche Überwindung gekostet haben, nicht in der Öffentlichkeit zusammenzubrechen. Denn wenn ein Traum zerplatzt, gibt es kein Gegenmittel. Du steckst den Schlag ein und musst die Folgen tragen, in körperlicher Hinsicht, aber vor allem in seelischer.

Und Daniele erging es bei dieser WM nicht viel besser. Jeder hat noch den Ellbogenstoß gegen McBride im Gruppenspiel gegen die Vereinigten Staaten vor Augen. Was die Fans nicht wissen – von den wenigen Schuldigen mal abgesehen –, ist, dass Daniele im Mannschaftsquartier ständig Drohbriefe erhalten hatte, Beleidigungen, Drohungen gegen seine Familie. Ganz wüste Beleidigungen seiner Eltern, die wirklich zwei Goldschätze sind. Er bekam jeden Tag Post. Der Postmann klingelt zweimal, aber statt Maria De Filippi, der charmanten Moderatorin von *C'è posta per te*, besuchte uns Hannibal Lecter. Ganze Pakete von Giftbriefen.

Daniele nahm das alles sehr schwer. Ich kann mich erinnern, dass er oft tagelang niemanden sehen wollte. Wer ihn kennt, weiß, dass er ein großes Herz hat, aber das macht die Dinge nur umso schwieriger, wenn es dir schlecht geht. Dann wieder kam er zu uns ins Zimmer und meinte betreten: »Sandro, Andrea, wie geht es euch denn?« Eine simple Frage, aber wir wussten, sie hieß, dass er glaubte, verrückt zu werden, dass der Wunsch zu reagieren langsam, aber unaufhaltsam stärker wurde.

Vier Spiele Sperre sind immer viel, aber bei einer Weltmeisterschaft kommt das einer Gefängnisstrafe gleich. Man begreift schnell, dass damit das Turnier vielleicht schon gelaufen ist. Denn natürlich sind auch die Kameraden zunächst einmal nicht gerade begeistert. »Daniele, verdammt, was hast du denn da angerichtet?«, fragten wir ihn. Schließlich hatten wir gerade einen unserer wertvollsten Spieler verloren. Doch gleich darauf gewann die Freundschaft wieder die Oberhand. Und einen Freund tröstet man, statt ihn herunterzuputzen. Man steht bedingungslos hinter ihm.

Die Briefe kamen weiterhin, aber sie berührten ihn jetzt weniger. De Rossi kam zurück. Im Finale verwandelte er einen Elfmeter. Eine klare Antwort an die Adresse jener ehrlosen Giftspritzer. (Die extrem ungebildet sein mussten, wenn man die Masse der Grammatik- und Rechtschreibfehler in Betracht zieht, die diese Briefe enthielten.) Ich habe ihm gern geholfen. Jetzt ist er dran. Ich hätte gerne, dass er mir auf dem Platz hilft. Jedes Mal, wenn ich ihn sehe, sage ich ihm: »Dero, bevor ich in der Nationalmannschaft aufhöre, möchte ich noch ein Finale spielen.«

Schade, dass Sandrino nicht mehr dabei ist. Er hat letztendlich die Ausfahrt genommen.

7

Bei seiner ersten Pressekonferenz als Inter-Trainer überraschte José Mourinho alle mit seinem perfekten Italienisch: »Ich bin kein *pirla*«, meint er. »Ich bin kein Komiker.« Ich schon. Pirla und Pirlo, Weiblein und Männlein, damit auch nichts fehlt. Ein *cazzaro*, wie meine römischen Freunde sagen, einer, der die Leute gern auf den Arm nimmt. Ich kann das auch. Mit ungerührtem Gesicht, aber gerade das ist ja das Schöne. Ich erfinde irgendeinen Unsinn, nehme meine Freunde auf den Arm und alle, wirklich alle glauben, was ich da erzähle. Sie merken es einfach nicht, und ich amüsiere mich göttlich. Innerlich grinse ich, äußerlich bleibe ich cool. Und so hecke ich meine Scherze aus. Gelegentlich allerdings kassiere ich dafür eine Ohrfeige. Insbesondere dann, wenn Gattuso beteiligt ist.

Rino Gattuso ist kein Gelehrter, kein großer Redner oder Mitglied der Florentiner Accademia della Crusca für Sprachpflege. Wenn er den Mund aufmachte, verwandelte sich die Umkleidekabine in einen Hexenkessel. Karneval in Rio. Wir brüllten und ahmten indezente Geräusche nach. Wir ließen ihn nie seine Sätze zu Ende bringen. Wir äfften ihn nach. Das Maracanã in Milanello (oder Coverciano). Er sprach

Portugiesisch, ohne es zu merken. Eigentlich sprach er auch Italienisch, ohne es zu merken.

Ich nannte ihn scherzhaft *terrone*, was ein übles Schimpfwort für Menschen aus dem italienischen Süden ist. Und er verpasste mir die eine oder andere Ohrfeige als Quittung. Daher klaute ich ihm das Handy, um mich zu rächen, und schickte in seinem Namen ein paar wüste SMS an Ariedo Braida, unseren Sportdirektor.

Eines Tages, als auch Rino de Janeiro wartete, ob sein Vertrag verlängert werden würde, führte ich an seiner Stelle die Verhandlungen. Mit einer einzigen SMS-Botschaft: »Lieber Ariedo, wenn du mir gibst, was ich will, dann kannst du meine Schwester haben.« Natürlich kriegte Rino das mit. Er gerbte mir das Fell und rief Braida an: »Das ist wieder einer dieser dämlichen Scherze von Pirlo gewesen.« Ich habe mich immer gefragt, was Braida wohl darauf gesagt hat. »Schade« vielleicht?

Vor den Italien-Spielen konnte es passieren, dass De Rossi unter Gattusos Bett kroch und dort mehr als eine halbe Stunde auf ihn wartete. Gattuso kam, putzte sich die Zähne, zog seinen Leopardenpyjama an, legte sich hin, nahm ein Buch und sah sich die Bilder an. Als er das Licht löschte und schlafen wollte, streckte Daniele die Hand aus und legte sie ihm auf die Hüfte. Ich hingegen stürzte aus dem Schrank wie ein heimlicher Liebhaber und deklamierte irgendwelche widersinnigen Verse. Nachdem er zuerst fast einen Herzanfall erlitten hätte, nahm Rino es gelassen: Er versetzte zuerst Daniele ein paar, dann mir. Nur damit er nicht einseitig wurde.

Wie damals, als wir ihn mit dem Feuerlöscher vollspritzten. Wir spielten in Irland unentschieden und qualifizierten uns so für die Weltmeisterschaft 2010 in Südafrika. Damit hatte das letzte Gruppenspiel gegen Zypern, das vier Tage später in Parma stattfinden sollte, mehr den Charakter eines Freundschaftsspiels. Es machte ja keinen Unterschied mehr, und dementsprechend lax bereiteten wir uns darauf vor. Zwischendrin gönnte uns Lippi einen freien Tag. In Florenz gingen wir alle miteinander essen. Außer Gattuso, der blieb im Mannschaftsquartier. Als wir zurückkamen, waren wir alle reichlich angetrunken, eigentlich schon eher ziemlich voll. Wir blieben im Gemeinschaftsraum sitzen und quatschten. Wir waren ja kein bisschen müde. Und natürlich wurde uns langweilig und wir brauchten etwas, um die Zeit totzuschlagen. Ich weiß nicht, warum da alle dieselbe Idee hatten: »Jetzt gehen wir Rino nerven.« Der schlief schon, die Nachtmütze auf dem Kopf. Wir schlichen also die Treppe hinauf. Auf dem Weg zu seinem Zimmer fand De Rossi den Feuerlöscher. »Ha, jetzt lösche ich Gattuso aus.« Wir klopften manierlich. Er stand auf und öffnete mit recht kleinen Äuglein. Und Daniele hielt mit dem Feuerlöscher drauf, bis der leer war. Dann versteckte er sich in seinem Zimmer, das auch das meine war. Mich überließ er einfach diesem schaumbedeckten Ungeheuer in Nachtwäsche, das unverständliche Wortfetzen ausstieß. Doch mittlerweile war er wohl richtig wach geworden. Und wieder bei klarem Verstand. Ich versuchte abzuhauen, aber ich wusste, dass ich jetzt fällig war. Wenn Gattuso hinter dir her ist und dir eine Abreibung verpassen will, dann kannst du rennen, so viel du willst, am Ende kriegt er dich. Da kannst du schnell sein wie eine Gazelle und stark wie ein Löwe. De Rossi hatte natürlich abgeschlossen. Aus sicherer Entfernung lästerte er: »Was sind das für Geräusche? Das hört sich ja an wie Bud Spencer und Terence Hill ...« Aber es war nur Rino, der mir seine Ohrfeigenkollektion vorführte. Schließlich sagte er mir Gute Nacht und ging wieder in sein Zimmer. Er ist einfach so. Entweder er spielt oder er ist auf seinem Zimmer. Er ist kein Typ zum Feiern. Das stört in seinen Augen nur die Konzentration. Und er mag das Gefühl nicht, nicht alles getan zu haben, um ein Spiel zu gewinnen.

Außerdem ist er geradezu unappetitlich abergläubisch. 2006 in Deutschland, als es für uns langsam richtig gut auszusehen begann, hat er einen Monat lang den Trainingsanzug nicht gewechselt. Es waren manchmal fast 40 Grad dort, aber er lief trotzdem herum wie ein Tiefseetaucher. Ab dem Viertelfinale roch er auch nicht mehr wirklich gut. Da hätte er nicht nur einen Feuerlöscher gebraucht. Eine Industriepackung Lavendel wäre schon eher angemessen gewesen.

Rino war seit jeher meine Lieblingszielscheibe, weit vor allen anderen. Dementsprechend hätte er es ein paarmal fast geschafft, mich mit einer Gabel zu erstechen. Bei Tisch in Milanello nämlich spielten wir ihm einen Streich nach dem anderen. Wenn er die falschen Verben benutzte (was fast immer der Fall war), machten wir ihn darauf aufmerksam. Entschied er sich dann einmal für das richtige Wort, nahmen wir ihn trotzdem auf den Arm, sodass er richtig nervös wurde. Ich, Ambrosini, Nesta, Inzaghi, Abbiati und Oddo: Das war die Bande der Mistkerle.

»Rino, wie geht es dir?«

»Schlecht. Gestern haben wir verloren. Es wäre mir besser gegangen, wenn wir gewonnen hätten.«

»Rino, so geht das nicht. Es heißt: ›Es würde mir besser gehen, wenn wir gewonnen hätten.‹«

»Aber das ist doch dasselbe.«

»Nicht ganz, Rino.«

»Also gut: Es würde mir besser gehen, wenn wir gewonnen hätten.«

»Rino, du bist unmöglich. Es heißt: ›Es wäre mir besser gegangen, wenn wir gewonnen gehabt hätten.‹«

»Aber das habe ich doch gesagt.«

»Was?«

»Na ja, das mit dem Gewinnen.«

»Wie, mit dem Gewinnen? Sag's noch mal.«

Man sah förmlich, wie ihm das Blut zu Kopf stieg. Das konnte er ja kaum verbergen. Wir wussten, was vor sich ging, und räumten vorsichtshalber die Messer weg. Doch Gattuso schnappte sich eine Gabel und verfolgte uns damit. Bei mehr als einer Gelegenheit rammte er uns eine solche unter die Haut. Wir waren ja sozusagen weich wie Butter. Da hätte schon ein Grissino gereicht. Mehr als einmal hat einer von uns ein Spiel verpasst, weil er zwar nicht von der Hummel, aber von der Gabel gestochen war. In der offiziellen Verlautbarung hieß es dann immer: »Muss wegen Muskelermüdung pausieren.« Wenn er ausflippte, hauten wir immer ab. Dann aber beruhigte er sich wieder und zog sich auf sein Zimmer zurück. Und wir kamen aus unserem Versteck hervor und stellten ihm ein Sofa vor die Tür, damit er nicht mehr herauskonnte.

»Lasst mich raus. Das Training geht doch gleich los.«

»Sieh zu, wie du da wieder rauskommst, *terrone*!«

Und wieder rastete er aus, schlug alles kurz und klein, doch selbst wenn er vor Wut nur noch schäumte, blieb er ein netter Mensch. Mich erinnerte er an die Figuren von Woody Allen, meinem Lieblingsregisseur. Ich stelle ihn mir immer vor, wie er sein Trikot mit der Nummer 8 trägt und Schaum vor dem Mund hat. Dabei sagt er dann Sachen wie: »Ich esse keine Austern. Ich mag mein Essen tot. Nicht krank, nicht verwundet, sondern tot.« Oder: »Dir fehlt nichts, was man nicht mit Prozac und einem Golfschläger behandeln könnte.«

Ich habe gesehen, wie er wegen einer Wette lebende Schnecken fing und aß. Typen wie er kommen eigentlich nur im Film vor. Da meine Lieblingsrolle – auf dem Feld und im Leben – die des Regisseurs ist, konnte ich mir das natürlich nicht entgehen lassen.

In einer Mannschaft braucht es Säulen wie ihn, denn der Körper wird zwar alt, das Charisma aber nicht. Man läuft vielleicht weniger, aber man hat aufgrund seiner Persönlichkeit mehr zu sagen. Jedes seiner

Worte war Befehl. Wer zu Milan kam und sich nicht richtig verhielt, wusste, dass er danach zu Rino musste, um ihm Rechenschaft abzulegen. Das allein reduzierte das Fehlverhalten schon beträchtlich. Damals war das eben noch so. Und nicht einmal der alte Woody Allen hätte daran etwas ändern können.

***

Früher gab es in jedem Verein Spieler, die sozusagen das Symbol ihres Klubs waren, sein Wahrzeichen. Und man wusste diese Art Banner zu schätzen, mit allem Drum und Dran: Mast, Bändern, Stoff, dem Prestige, der Fähigkeit, den Wind einzufangen und in manchen Fällen seine Richtung zu ändern, seine Intensität. Heute aber denkt man in den Vereinen nur noch daran, Geld zu sparen und Gehälter zu kürzen, die der Klub seinen Spielern vormals versprochen hatte. Wenn heute ein Verein in schweres Fahrwasser gerät und einer der Spieler die Gehaltskürzungen nicht hinnehmen will, hört man häufig abfällige Kommentare wie diesen: »Wieder so ein Geldsack, der sich von seinem Zaster nicht trennen kann. Jeder normale Mensch muss heute sparen, die aber krallen sich an ihren Millionen fest. Schlimmer als die Politiker. Führen sich auf wie Primadonnen und glauben, für sie gelten Sonderregeln. Was für eine geldgierige Bande, je mehr sie haben, desto mehr wollen sie.« Angesichts solcher instinktiver und durchaus auch verständlicher Reaktionen gehen mir aber immer ein paar Fragen durch den Kopf. Ich weiß zwar nicht, ob sie wirklich klug sind, trotzdem will ich sie Ihnen nicht vorenthalten: Hat man den Vereinsoberen denn eine Pistole an die Schläfe gehalten, als sie sich mit diesem Spieler auf mehrere Millionen Gehalt geeinigt haben? Haben sie sich nicht vielleicht schon vorher übernommen und dann, als sie es gemerkt haben, die Schuld dem Spieler zugeschoben? Es ist natürlich immer leicht, ihn in die Rolle des Sündenbocks zu drängen. Was wissen denn die Leute, die nicht mit dem Betreffenden spielen, über seine persönlichen Verhältnisse? Vielleicht muss der Torwart, Verteidiger, Mittelfeldspieler, Angreifer ja eine vielköpfige Familie ernähren? Vielleicht will er seinen Eltern zurückgeben, was sie für ihn an Opfern gebracht haben? Möglicherweise bezahlt er ja auch die Schulden der Eltern und Freunde ab? Die Vereinsgrößen laden einen Spieler im Geheimen zum Essen ein, wenn sie ihn in ihren Verein locken wollen. Sie überschütten ihn förmlich mit Geld. Und dann heißt es plötzlich, sie könnten sich das alles gar nicht leisten? Sind dann nicht sie die Lügner, die ihr einmal gegebenes Wort nicht halten? Weil der Arbeitgeber einfach von heute auf morgen die Vertragsbedingungen ändern kann, die er selbst aufgesetzt hat?

Wir gehören zu einer besonders vom Glück begünstigten Gruppe von Menschen. Das ist unleugbar richtig. Doch wir haben auch unsere Würde. Zumindest was das angeht, sind wir eben keine Komiker.

8

Ich gehöre zweifelsohne zu den Menschen, mit denen es Fortuna besonders gut gemeint hat: Ich habe nämlich Antonio Conte kennenlernen dürfen. Ich habe mit vielen Trainern gearbeitet, aber Conte hat mich von allen am meisten beeindruckt. Eine einzige, in schlichten Worten gehaltene Ansprache von ihm genügte, um mich zu überzeugen. Und mit mir die gesamte Juventus, denn auf diesem Planeten sind wir gemeinsam gelandet. Am ersten Tag in Bardonecchia, unserem Trainingscenter in den Bergen, rief er die Mannschaft in der Halle zusammen und stellte sich vor. Er hatte sich schon ein paar giftige Bemerkungen zurechtgelegt. Die Höhe machte ihm schier gar nichts aus. Vermutlich sind Vipern einfach so.

»Diese Mannschaft, liebe Jungs, ist in der Meisterschaft nun zweimal auf dem siebten Rang gelandet. Das ist Irrsinn. Grauenhaft. Dafür bin ich nicht hier. Jetzt ist Schluss mit diesen jämmerlichen Vorstellungen.«

Nach kürzester Zeit gab es keine Rätsel mehr, woran man bei ihm war. Vor allem eines war klar: Er hatte den Teufel im Leib. Und wenn der Leib auch nicht wirklich zählte, der Teufel, der in ihm steckte, dafür umso mehr. Und der war aus einem einzigartig zähen Material gemacht.

»In den letzten Spielzeiten haben alle ein miserables Spiel abgeliefert. Wir müssen uns also etwas Neues einfallen lassen, um uns wieder aufzurappeln, um wieder Juve zu sein. Wir brauchen eine hundertprozentige Kehrtwende. Und das ist keine freundliche Bitte, sondern ein Befehl, eine moralische Verpflichtung. Ihr habt dabei nur eine Aufgabe, aber die ist im Grunde ziemlich einfach zu erfüllen: Ihr tut, was ich sage.«

Unser erster Eindruck von ihm war völlig korrekt. Wenn Conte sprach, dann fielen seine Worte gleichsam über dich her, sie drangen gewaltsam in dich ein. Sie machten sich in dir breit und traten die Tür ein, wenn es sein musste. Verdammt, heute hat Conte wieder etwas richtig Gutes vom Stapel gelassen. Wie oft habe ich mir das gesagt!

»Und hört mir genau zu, Jungs, denn ich bin noch nicht fertig mit euch. Hämmert es euch notfalls ins Hirn, dass wir wieder auf die Position zurückkehren müssen, die uns zusteht, was die Geschichte dieses Klubs ja beweist. Es ist eine Todsünde, es nicht unter die ersten Drei der Tabelle zu schaffen.«

Wir gewannen auf Anhieb die Meisterschaft, und das war allein sein Verdienst. Und das seiner verdammten Sturheit! Denn entgegen allen Vorhersagen erwies sich sein Instinkt als richtig. Es hätte gar nicht anders sein können. Schließlich hatten wir Tag für Tag diesen Dämon vor uns, der quasi zur Verkörperung der Juve geworden war.

»Ihr müsst denselben Zorn in euch haben wie ich. Stopp.« Sein Telegrammstil. Doch er transportierte die überzeugendsten Botschaften, die ich von einem Trainer je empfangen habe.

Conte ist weder ein Guru noch ein Magier, auch wenn er gelegentlich total irre Reden aus dem Hut zaubert. Entweder tust du, was er sagt, oder du spielst nicht. Die Zeit ist für ihn Ewigkeit, und in diese Ewigkeit nimmt er dich mit. Er achtet auch auf das kleinste Detail und nutzt es zu seinem Vorteil. Beim Taktiktraining lässt er uns stundenlang vor dem Videogerät hocken und erklärt immer und immer wieder jede falsche Bewegung. Seine Allergie gegen Fehler ist wirklich ausgeprägt. Sie bereiten ihm körperliche Schmerzen. Dennoch bete ich jeden Tag darum, dass sich gegen dieses Übel nie ein Heilmittel finden möge.

Auf dem Platz in Vinovo, wo wir trainierten, gewannen wir ständig, aus dem einfachen Grund, weil wir gegen niemanden spielten. Es gab keine Gegner. Von Montag bis Freitag gab es den Gegner nicht. Er ließ uns zu elft gegen niemanden spielen und zwang uns, fünfundvierzig Minuten lang ständig die gleichen Spielzüge zu wiederholen, bis zum Erbrechen, so lange, bis er fand, dass sie nun klappten. Aus diesem Grund fuhren wir auch im Spiel elf gegen elf Erfolge ein. Wenn Arrigo Sacchi ein Genie war, was ist dann Conte? Ich hatte einen guten Trainer erwartet, aber nicht so gut. Ich dachte, er sei ein Trainer mit Kampfgeist und Charisma. Dann habe ich entdeckt, dass er vielen seiner Kollegen auch taktisch einiges voraushat.

Wenn ich die Uhr zurückdrehen könnte, würde ich nur eines anders machen: Ich würde in der Umkleidekabine im Juventus-Stadion den Platz neben Gianluigi Buffon wählen, direkt beim Eingang. Denn mein Platz war tatsächlich der gefährlichste Ort Turins, vor allem zwischen der ersten und der zweiten Halbzeit. In der Pause nämlich kam Conte herein und schleuderte, selbst wenn wir vorne lagen, alles, was er auf dem Weg in die Kabine gefunden hatte, in die Ecke, in meine Ecke. Meist waren das Plastikflaschen voller Wasser. Mit Kohlensäure. Mit viel Kohlensäure. Er wurde regelrecht zum Tier. Er war buchstäblich nie zufrieden. Irgendeine Kleinigkeit gab es immer, die ihm gegen den Strich ging. Und er sah regelmäßig vorher, was in den nächsten fünfundvierzig Minuten alles passieren konnte. Eines Tages zum Beispiel lagen wir gegen Milan zurück. Das konnte er überhaupt nicht verkraften: »Gegen die! Ich kapiere einfach nicht, wieso ihr gegen die nicht gewinnen könnt! Die spielen ja nicht mal gut!«

Am Ende des Spiels hingegen verschwand er regelmäßig. Es war schon das höchste der Gefühle, wenn er kurz hereinkam und sich von uns verabschiedete, aber auch das nur, wenn wir gewonnen hatten. Am schlimmsten war es, wenn er nachts allein war. Er warf schreckliches Zeug ein, um schlafen zu können, als wäre er es, der das Spiel bestritten hatte. Wie zu seiner Zeit als Spieler. Auch heute noch wird er einfach nicht müde. Er lässt sich alles immer und immer wieder durch den Kopf gehen, was auf dem Platz geschehen ist. Er drücktständig die Rücklauftaste und fängt von vorne an. Er lebt mit einer inneren Qual, die keinen Anfang und kein Ende kennt. Sein Lied ist quasi ein Kanon. Kein Mensch versteht, was die erste Strophe ist und was die letzte. Nur den Refrain kann man manchmal nachvollziehen. Er ist Rundumtrainer, denn er liebt seine Arbeit. Ich habe nie kapiert, ob da jetzt unser Trainer an der Seitenlinie steht oder unser leidenschaftlichster Fan. Auf jeden Fall ist es ein Mensch, der etwas bewirkt.

Das schaffte er sogar, als man ihn wegen der seltsamen Geschichte mit dem angeblichen Wettbetrug endlos lange disqualifizierte. Dieser Vorfall ging auf seine Zeit als Trainer bei Siena zurück. Man sah förmlich, wie er jeden Mittwoch, Samstag und Sonntag litt. Immer dann, wenn es eine offizielle Aufgabe zu bewältigen galt, bei der er nicht dabei sein durfte. Es machte ihn verrückt, dass er den Kopf nicht in die Umkleidekabine stecken konnte. (Hin und wieder allerdings kam es doch vor.)

Sein Fehlen wurde vor allem in der Halbzeitpause spürbar. Das lag auf der Hand. Seine Vertreter Angelo Alessio und Massimo Carrera taten zwar, was er sagte, aber selbst fiel ihnen nicht viel dazu ein. Nicht einmal bei den Gesprächen nach den Spielen hatten sie irgendwelche Freiheiten: Sie liehen dem Ganzen ihr Gesicht, die Ideen kamen von Conte.

Ich habe ihn in jener Zeit niemals am Boden gesehen, niemals verzweifelt. Kurz vor dem für ihn vernichtenden Urteil waren wir noch in China gewesen. Sein Gesicht war damals stets angespannt. Er brach-

Und da gibt es Leute, die
sagen, ich wäre nicht schnell ...

Das esse ich alles ganz allein, aber sagt es nicht der Oma Ines.

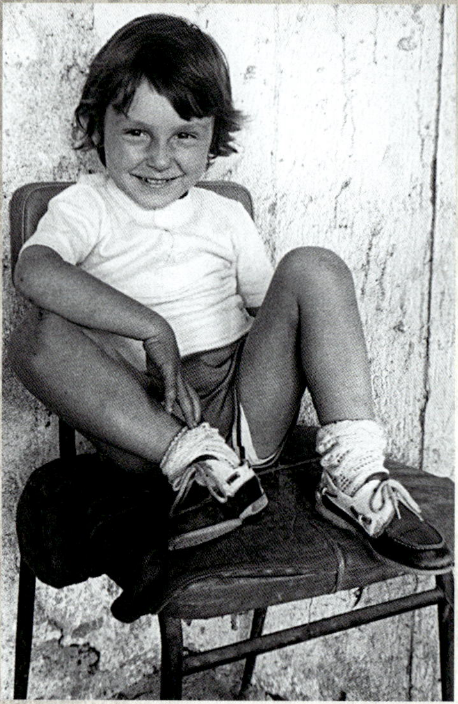

Im Hof bei Oma Ines.

Soll ich Fußballer werden
oder doch lieber Model?

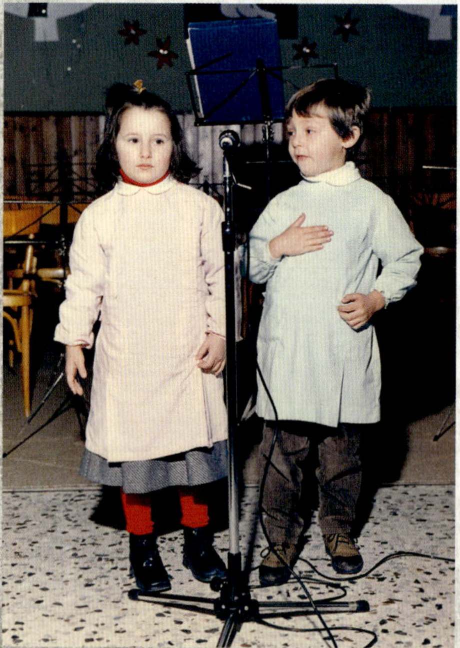

Ich und meine Cousine beim
Theaterspielen an Silvester.

Im Trikot von Flero.

Im Kindergarten mit einer sehr sympathischen Freundin namens Dèsirè.

In Flero mit meinen Mannschaftskameraden. Auch zu der Zeit gab es vergleichsweise große Kader – wie heute in der Serie A.

Im Trikot der Junioren von Flero.
Schon damals wollte ich immer den Ball vor den Füßen haben.

In Flero mit meinem Bruder Ivan. Ich bin der Dritte von rechts ganz vorne.

Bei der Lokalmeisterschaft von Flero für die Mannschaft der Contrada Pietra del Gallo (vorne, Zweiter von links).

Mannschaftskapitän der Contrada Pietra del Gallo.
Auf meiner Kapitänsbinde steht: »Italia«.

Ferien in Posada mit meinem Bruder Ivan und meinem Cousin Alberto. Wer behauptet da, dass Aussehen nicht wichtig ist?

Wetten, dass ich ein super Fußballer werde?

Die Erben der Pirlo-Dynastie.

Nur die Füße zählen.

In Dallas bei einem Turnier im Sweatshirt der Voluntas.
(Ich kam mir vor wie J. R. höchstpersönlich.)

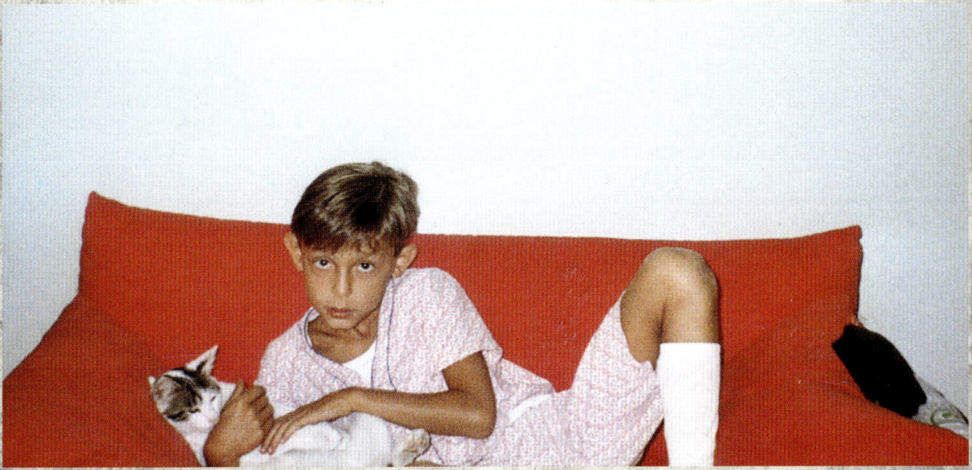

Das eingegipste Bein ist nicht zu sehen, der hässliche Schlafanzug leider schon.

Ferien in Viareggio – im gerade erstandenen Trikot von Inter Mailand.

Zuhause bei meinen Eltern: cooler Kerl, der sich da in Szene setzt.

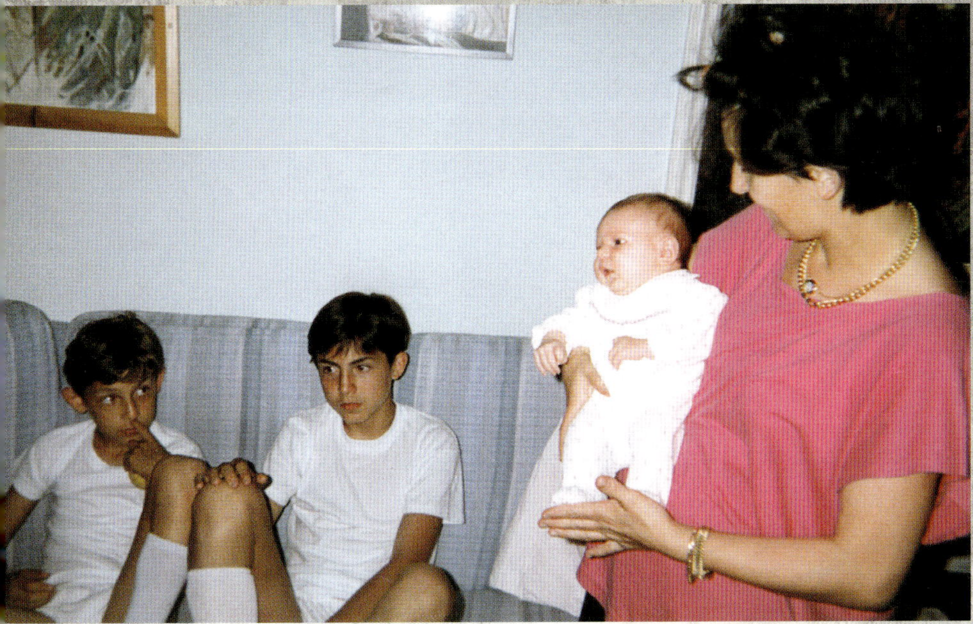

Meine Mama mit meiner Schwester Silvia auf dem Arm.
Der Typ, der da mit dem Finger in der Nase bohrt, bin natürlich ich.

Mit meiner Schwester.

Beim Coppa-Carnevale-Turnier in Viareggio mit der Jugendmannschaft von Brescia. Ich bin der Zweite von rechts, vorne.

Mit der U16-Nationalmannschaft in Moskau auf dem Roten Platz.

Mit der U21-Nationalmannschaft bei der Olympiade. Wir haben die Bronzemedaille gewonnen, aber meine Miene blieb unerschütterlich wie eh und je.

Mit der U18-Nationalmannschaft bei der Europameisterschaft in Griechenland. Da war sogar Ambrosini noch hübsch.

Endlich bei Inter – und das entlockt mir sogar ein kleines Lächeln.

Gott schütze, nein, nicht die Königin, eher die Reggina Calcio!

Auch mir ist der Pott lieber!

21 + 10 = Auf dem Platz gibt das 31!

Mit Trainer Conte in der Champions League, wo wir ganz vorne mitspielen.

Schön, nicht wahr? Aber was das Teil wiegt!

Hoch mit dem Ding, Kapitän!

Bei der WM 2006 im Spiel gegen den Gastgeber. Mit Miroslav Klose.

Ich habe ein gut verstecktes Tattoo: Der Name von meinem Sohn Niccolò in chinesischen Schriftzeichen in meinem Nacken und ein »A« für seine Schwester Angela gleich darunter.

te Stunden im Gespräch mit seinen Anwälten zu. Mit den Spielern sprach er dabei nie über Einzelheiten. So viel Profi war er, dass er uns da nicht mit hineinzog. Uns gegenüber verhielt er sich, als wäre nie etwas passiert. Nur bei einer Gelegenheit, kurz bevor die Bombe explodierte, bat er die Führungsspieler der Mannschaft um Hilfe. Neben mir waren dies Buffon, Chiellini und Marchisio: »Dies ist eine etwas schwierige Zeit. Ich brauche eure Unterstützung, mehr als sonst. Gebt alles – im Training und im Spiel. Wenn ich nicht in die Kabine kann, müsst ihr euren Mannschaftskameraden den entscheidenden Kick versetzen. Lasst euch nicht unterkriegen. Und lasst nicht zu, dass alles vor die Hunde geht, was wir gemeinsam aufgebaut haben.«

Es tat uns schrecklich leid, dass er und sein Kotrainer Cristian Stellini Juventus verlassen haben. Er gehörte so sehr dazu und verbrachte stets ungeheuer viel Zeit mit uns Spielern. Auf dem Feld betonte er stets die Verteidigung. Als er ging, lastete seine Abwesenheit schwer auf uns. Irgendwann hatten wir ein Freundschaftsspiel gegen Salerno, da kam er in mein Zimmer im Hotel. Es war drei Uhr morgens: »Andrea, ich kann leider nicht bleiben. Ich muss gehen. Ich tue das, weil Juve mir so sehr am Herzen liegt. Ich will, dass sich alles wieder beruhigt.«

***

Eines habe ich verstanden. Das eigentliche Problem liegt in den offiziellen, erlaubten Wetten. Seit diese legalisiert wurden, ist das Chaos noch größer geworden. Sie stellen ein gefährliches Sprungbrett dar für all jene, die sich gern in undurchsichtige Machenschaften verwickeln und weder Maß noch Ziel kennen. Was die zweite und dritte Liga angeht, so sollte man einen drastischen Beschluss fassen, nämlich sämtliche Wetten für diese Ligen verbieten. Vor allem in der dritten Liga, die man in Italien auch Lega Pro nennt. Warum, das weiß keiner. Dort gibt es Spieler, die oft mehrere Wochen lang kein Gehalt mehr bekommen haben. Also sprechen sie sich ab, manipulieren das Spielergebnis, schließen Wetten drauf ab und kommen auf diese Weise bis zum Ende des Monats über die Runden. Und dann bis zum Jahresende. Und schließlich für wer weiß wie lange. Und in der zweiten Liga sieht es in dieser Hinsicht nicht viel besser aus.

Natürlich kann man jetzt einwenden, dass mit einem Verbot von offiziellen Wetten das Wettgeschäft sich nur auf den Schwarzmarkt und in die Hände der Mafia verlagern würde. Das ist schon möglich. Aber wir sollten erst ein Problem lösen und uns danach das nächste vornehmen. Solange man den ersten Schritt nicht getan hat, braucht man sich keinen Gedanken über den zweiten zu machen. Ich persönlich bin dafür, dass Spieler, die man mit der Hand im Geldsäckel erwischt, unnachsichtig mit Spielverbot belegt werden. Kein Pardon für jene, die betrügen und falschspielen. Ich weiß nicht, was im Kopf bestimmter Leute vorgeht, vor allem, wenn sie sich auch noch Meister schimpfen. Meiner Ansicht nach ist es eine Krankheit, immer noch mehr zu wollen, obwohl man schon reichlich hat.

An mich wurden solche Angebote nie herangetragen. Es war vermutlich Glück, dass ich so lange Jahre für Milan gespielt habe. Niederlagen und Unentschieden wurden dort einfach nicht akzeptiert. Man ging auf den Platz, um zu gewinnen. Hätte jemand auch nur versucht, mich in Dreck wie diesen zu verwickeln, hätte ich den Betreffenden unangespitzt in den Boden gerammt. Ich bin kein gewalttätiger Mensch, aber wenn es sein muss, kann ich schon durchgreifen.

Man könnte uns schon alle für blind und taub halten. In der zweiten Liga gehen manchmal wirklich seltsame Dinge vor sich, gerade gegen Ende der Saison. Dort gibt es absolut surreale Spiele, aber niemand sagt je etwas. Kein Spieler macht je den Mund auf. Man flüstert dies und jenes. Es heißt ja, dass es auch in der ersten Liga Mannschaften geben soll, die – sagen wir es mal so – sich gelegentlich ein wenig an der Hand nehmen lassen. Doch für einen Spieler ist es wirklich schwierig, einen Kameraden hinzuhängen, der ihm vorschlägt, das Spiel ein wenig zu türken. Was soll man da tun? Vor allem, wenn der Mann mit dir spielt. Oder, schlimmer noch, ein Freund ist. Du sagst Nein, du rückst ihm den Kopf zurecht. Wenn mir das je passiert wäre, wäre eine Abreibung fällig gewesen. Aber wie schafft man es in so einem Fall, die Staatsanwaltschaft darüber zu informieren, dass ausgerechnet dein Freund einen gewaltigen Fehler gemacht hat? Dann nämlich hängst du drin, obwohl du eigentlich nichts damit zu tun hast. Und du trägst die Konsequenzen. Man beschuldigt dich des Spielbetrugs, obwohl du nicht zu den Schuldigen gehörst. Daher halte ich die Gefährdungshaftung in diesem Fall für unsinnig: Du machst einen Fehler, ziehst mich irgendwie mit hinein. Ich sage Nein, ich beschimpfe dich, zeige dich an. Und kann doch strafrechtlich verfolgt werden. Da stimmt doch was nicht.

Um das Problem zu lösen, müsste man aber nicht nur die Wetten abschaffen. Man müsste auch positive Anreize setzen. Ein Beispiel: Mannschaft B steht in der Tabelle auf dem zweiten Platz und muss gegen Mannschaft C spielen, die keinerlei Ambitionen mehr hat. Wenn Mannschaft B verliert, gewinnt Mannschaft A, die in der Tabelle an erster Stelle steht, die Meisterschaft. Also sagt Mannschaft A zu Mannschaft C: »Hier ist gutes Geld. Es gehört euch, wenn ihr Mannschaft B schlagt.« Mit solchen positiven Anreizen würde Mannschaft C nach wie vor alles geben, um Mannschaft B zu schlagen, bis zur letzten Minute. Im Ausland gibt es solche Regelungen schon, doch ich fürchte, Italien ist noch nicht bereit für diese Art der Lösung. Dabei stiege man viel zu vielen Interessengruppen auf die Zehen.

Darauf würde ich glatt wetten.

9

Auf eine Zukunft als Trainer würde ich in meinem Fall keinen Cent verwetten. Diese Art von Tätigkeit interessiert mich nicht. Zu viele Sorgen und ein Lebensstil, der dem eines Fußballspielers sehr ähnlich ist. Ich habe meinen Teil geleistet, und in Zukunft hätte ich gern ein Leben, das das Beiwort »privat« wenigstens ansatzweise verdient. Außerdem gibt es nur einen Conte, und das ist gut so. Auch wenn Lippi gar nicht so anders war, vor allem wenn er wütend wurde. In Deutschland wurden wir Weltmeister dank unseres Teams, das der Trainer bei einer bestimmten Gelegenheit jedoch mit folgenden Worten begrüßte: »Ihr seid einfach scheiße. Ihr kotzt mich echt an.« Vor dem Achtelfinale gegen Australien, dem Spiel, das wir durch einen (unberechtigten) Elfmeter von Totti gewannen, rief er uns im Mannschaftsquartier zusammen und las uns die Leviten: »Ihr redet viel zu viel mit den Journalisten. So macht ihr euch zu Spionen für die Medien. Nicht ein einziges Geheimnis könnt ihr für euch behalten. Die erfahren immer schon in Echtzeit, wie wir spielen werden. Wo soll das hinführen? Ich kann euch wirklich nicht trauen.« Er ließ uns nicht zu Wort kommen. Seine Ansprache war ein reiner Monolog. Sein Gesicht war vom Zorn verzerrt, die Adern am Hals traten hervor, als würden sie gleich platzen. Er verlor völlig die Kontrolle. Als hätte ihm jemand die Bremsklötze ausgebaut: »Geht doch zum Teufel. Ich will mit euch wirklich nichts mehr zu tun haben, ihr Idioten. Ihr schwatzenden Idioten.« Das alles dauerte fünf Minuten. Am Ende blinzelten die meisten von uns aus dem Augenwinkel zu Pippo Inzaghi hinüber.

So hat Lippi uns in den Genuss eines Erlebnisses versetzt, das uns keiner mehr rauben konnte. Soweit es mich betrifft, bleibt mit seiner Person jedoch auch immer ein leiser Zweifel verbunden. Jedes Mal, wenn ich ihm begegne, geht mir ein bestimmter Gedanke durch den Kopf: Wäre er Trainer bei Inter Mailand geblieben, wäre ich vermutlich zu einem Leistungsträger dieser Mannschaft aufgestiegen. Ein Beppe Bergomi ohne Schnurrbart, der fast zwanzig Jahre bei Inter spielte. Oder ein Esteban Cambiasso mit voller Haarpracht, denn auch er spielte zehn Jahre lang dort. Meine Karriere hätte einen geradlinigen Verlauf genommen. Wäre er dort Trainer geblieben, hätte ich diesen Klub mein Leben lang nicht verlassen. Inter war meine Mannschaft als Kind, als ich sozusagen noch ein Ultra mit Schnuller war. Lothar Matthäus, Inters Nr. 10, war mein großes Idol. Er schoss ein Tor nach dem anderen und riss seine Mannschaftskameraden mit. Für mich gab es keinen Besseren. Der Tag, als sich in den Ferien unsere Wege in Viareggio kreuzten und er mir ein Autogramm gab, war lange Zeit der schönste und bedeutsamste meines Lebens. Nach dem Deutschen kam Roberto Baggio, und glücklicherweise hatte ich ein recht großes Zimmer: Auf der Wand über dem Bett hatten locker zwei Riesenposter Platz. Ich musste mich glücklicherweise nicht entscheiden, welchen der Götter ich aus dem Olymp verstoßen sollte.

Sogar als ich anfing, für Brescia zu spielen, blieb ich weiter Inter-Fan. Dann kam ich zu Inter, und alles wurde anders.

Am Ende der Saison 1997/98 war ich mit der U 21 der Nationalmannschaft im Trainingslager, als mein Berater mich anrief: »Andrea, du musst umziehen. Wir haben mit Parma alles klargemacht, du spielst jetzt für sie. Wenn du zurückkommst, musst du den Vertrag nur noch unterschreiben.« Ich war vor Freude ganz aus dem Häuschen. Eine Woge des Glücks überschwemmte mich. Meine ganze Begeisterung brach sich Bahn, als ich ihm antwortete: »Okay.«

Am nächsten Tag, nach dem Spiel, änderte sich alles wieder innerhalb weniger Minuten. Wieder klingelte das Telefon, aber viel länger als üblich. »Hallo, Andrea, ich bin's wieder, Tullio. Schau mal, gestern Abend hat Moratti, der Präsident von Inter, den Präsidenten von Brescia Corioni angerufen und mit ihm über dich gesprochen. Innerhalb weniger Minuten waren sie sich einig. Langer Rede kurzer Sinn: Du spielst künftig für deine Herzensmannschaft. Du gehörst jetzt zu Inter, du hast es geschafft. Wir müssen nur noch die medizinischen Untersuchungen im Trainingscenter in Appiano Gentile hinter uns bringen.« Und wieder explodierte ich schier vor Glück und klang noch begeisterter als beim ersten Mal: »Okay. Ist gut.« Man hörte mir das vielleicht nicht an, aber ich war ganz sicher der glücklichste Mensch auf Gottes Erdboden. Ich war so stolz, direkt in die Welt meiner Poster eingetaucht zu sein. Am liebsten hätte ich mich gleich selbst an die Wand gehängt. Ich würde aufschließen zu Ronaldo, Baggio, Djorkaeff, ausgerechnet ich, der sich hin und wieder mit dem blau-schwarzen Inter-Schal in die Höhle des Milan-Löwen San Siro wagte. Ich, der ich mit sechzehn Jahren von den Vereinsoberen von Inter, von Sandro Mazzola persönlich, zu einem Probespiel ins holländische Eindhoven geladen worden war.

Während meiner ersten Saison bei Inter spielte ich viel. Die Vorsaisonspiele liefen alle super. Dann schenkte mir Gigi Simoni sein Vertrauen von der ersten Minute an oder wechselte mich häufig ein. Mircea Lucescu hingegen setzte eher auf die älteren Mitglieder der Mannschaft. Für Luciano Castellini wiederum war ich gut genug. Roy Hodgson verstümmelte bald darauf meinen Nachnamen zu Pirla, der Komiker, und ich muss sagen, dass er meinen wahren Charakter vermutlich besser erkannte als alle anderen. In dieser Saison wechselte Präsident Moratti dreimal den Trainer. Etwa zur selben Zeit entwickelte ich eine schreckliche Migräne, begleitet von ausgedehnten Gedächtnislücken. Ich erwachte morgens und konnte mich nicht mehr erinnern, wer jetzt mein Trainer war. In seliger Unwissenheit lächelte ich trotzdem. Ich war zwar verwirrt, aber ich grinste. Im Jahr darauf kam Lippi. Ich machte mit ihm das Sommerlager, aber dann rief er mich eines Tages beiseite und sagte mir Folgendes: »Andrea, es wäre das Beste für dich, wenn du erst einmal woanders spielst, zumindest für eine Saison. Du musst noch Erfahrungen sammeln. Du wirst sehen, dass dir das guttun wird.« Ich endete bei Reggina Calcio und lernte dort wirklich viel. Ich übernahm mehr Verantwortung als üblich und lernte, mich auf dem Platz schlammbespritzt meiner Haut zu erwehren.

Zu Beginn der Saison 2000/01 kehrte ich nach Mailand zurück. Lippi war immer noch Trainer, aber das sollte nicht mehr lange dauern, eigentlich nur einen Spieltag. Ich nahm an dem Spiel in Reggio Calabria nicht teil, weil ich verletzt war, doch Lippis Pressekonferenz danach wurde Legende: »Wäre ich Präsident Moratti, würde ich den Trainer rauswerfen und den Spielern einen Tritt in den Arsch verpassen.« Er bekam, was er wollte, zumindest die erste Hälfte seiner Forderung wurde erfüllt. Unsere zarten Hinterbacken blieben glücklicherweise verschont. Für mich war es Pech, dass Lippi ging, denn wir befanden uns auf einer Wellenlänge. Wir verstanden uns auf Anhieb, obwohl wir uns kaum kannten. Ein Blick genügte. Ich vertraute ihm blind. Es machte ungeheuren Spaß, mit ihm zu arbeiten.

Statt seiner kam nun Marco Tardelli, der frühere Trainer der U 21 der Nationalmannschaft, unter dem ich die Europameisterschaft gewonnen hatte. Möglicherweise hat er mich ja nicht wiedererkannt, aber solange er Trainer war, spielte ich nicht ein einziges Mal für Inter. Darunter litt ich sehr. Wie oft hätte ich ihm am liebsten gesagt: »Weißt du, wohin du dir das Geschrei stecken kannst, das dich berühmt gemacht hat?« Aber ich bin ja ein wohlerzogener Mensch. Ich habe mich immer gerade noch rechtzeitig zurückgehalten. Mit ihm und dieser Mannschaft wollte ich nicht weitermachen. Er hat eine

Liebe in mir erstickt, die vermutlich grenzenlos gewesen wäre. Ich wollte weg. Und genau das habe ich dann auch gemacht. Mit dem üblichen Telefonat an Tullio Tinti: »Hol mich raus aus diesem Irrenhaus. Nie mehr für Inter. Nie mehr. Such mir eine andere Mannschaft. Irgendeine.«

Für die nächsten sechs Monate wurde ich an Brescia ausgeliehen, dann ging ich zu Milan. Für zwölf Milliarden alter Lire (17,5 Millionen Euro) und Andrés Guglieminpietro, der zu Inter wechselte. Wer hat da wohl das bessere Geschäft gemacht? Ich rede nicht gern schlecht über andere, auch über Tardelli nicht, doch er hat mir nicht einmal die Chance gegeben zu spielen. Von Zeit zu Zeit meinte er: »Ich tue das für dich, damit du nicht vorzeitig ausbrennst.« Aber für mich hörte sich das nach fauler Ausrede an. In der U 21 hatte er uns stets eingebläut, dass der Jugend die Zukunft gehörte. Wäre Lippi geblieben, würde ich hier eine andere Geschichte erzählen. Dieselbe, die ich heute immer von meinem Nachbarn unter den Sonnenschirmen der Badeanstalt in Forte dei Marmi höre: »Andrea, du weißt ja, wenn ich die Uhr zurückdrehen könnte …«

Ich weiß. Dann würde er mich in der Umkleidekabine in Appiano Gentile anketten. Denn mein Sonnenschirmnachbar ist niemand anderer als Inter-Präsident Moratti. Tatsächlich war das Einzige, was mir leidtat, als ich Inter verließ, die Tatsache, dass damit auch die Verbindung zu Moratti verloren ging. Er ist tatsächlich ein wunderbarer Mensch, genau so, wie er im Fernsehen rüberkommt. Familienvater, ein echter Gentleman in einer merkwürdig unpassenden Welt, ein gütiger Mensch mitten im Haifischbecken. Und ein absoluter, eingefleischter, leidenschaftlicher Fußballfan. Auch wenn es ebendiese Leidenschaft war, die mitunter dafür sorgte, dass er die falschen Entscheidungen traf. Aber das ist keine Sache des Charakters. Es wäre schön, wenn es mehr Präsidenten wie ihn gäbe. Er tut das Menschenmögliche, um seinen Klub groß zu machen, der früher von seinem Vater Angelo geführt wurde: eine Dynastie von Träumern und Romantikern. Die, wenn sie gewinnen, zuallererst Herz zeigen.

Und dies auch nicht vergessen, wenn sie verlieren. Ich schätze ihn sehr. Das wird sich nie ändern. Und ich weiß, dass diese Wertschätzung auf Gegenseitigkeit beruht. Immer wenn er mich sieht, macht er mir tausend Komplimente, die er ernst meint und die ich daher umso mehr schätze. Dank seiner habe ich Inter nie als feindliche Mannschaft gesehen, obwohl ich das Trikot von Milan bzw. Juventus trug. Mein schwarz-blaues Abenteuer ist nur leider nicht so zu Ende gegangen, wie ich mir das gewünscht hätte.

Für die mitunter recht langen Phasen, in denen ich das Gefühl hatte, die Welt stünde Kopf, hatten mir Freunde einen guten Rat gegeben: »Wenn du es echt nicht mehr packst, dann denk an etwas, das für dich die absolute Entspannung bedeutet.« Ein wertvoller Rat, denn diese Methode hat mir stets geholfen. Wenn ich auf die Bank musste oder – schlimmer noch – auf die Tribüne, schloss ich die Augen und stellte mir meine nackten Füße vor: ohne Schuhe, ohne Strümpfe, ohne Zehenschutz und vor allem ohne Druckstellen. Stellte mir vor, wie sie in ein tiefes Holzfass eintauchten. Ich trat Trauben, ja ich tanzte förmlich in einem Meer roter Trauben. Ich stieg auf den Reben herum und verwandelte Früchte in Wein. Dabei erinnerte ich mich daran, wie ich als Kind im Weinberg meiner Großmutter Maria beim Keltern half, in dem winzigen Dorf Coler in der Gemeinde Flero. Ich gegen die Trauben, ein Kampf um den Saft. Das ist die erste Metapher, die mir einfällt, wenn es um die Unterscheidung zwischen Gut und Schlecht, zwischen Nützlichem und Unnützem geht. Es waren Familientreffen der Barfüßer, denn neben mir war stets noch eine ganze Reihe anderer Verwandter anwesend.

Vielleicht habe ich auf diesen meinen Fantasiereisen, meinen Traumausflügen, die mir halfen, mich weiterhin lebendig zu fühlen, auch gelernt, einen Tropfen Alkohol hin und wieder zu schätzen. Auch heute noch kommt es vor, dass ich nach dem Training heimkomme, Feuer im Kamin mache und mir ein Glas Wein eingieße. An den spielfreien Tagen zieh ich mir das Juventus-Trikot über und mache einen kleinen Sprint durch die Weinberge. Wo früher der Weinberg meiner Oma war, erhebt sich heute die Pratum Coller, der landwirtschaftliche Betrieb meines Vaters. Spezialität des Hauses: Rotwein, Weißwein, Rosé. Wir haben sogar mit der Produktion von »Sprudelwasser« begonnen. Den Vorkoster spart sich das Unternehmen natürlich: Das erledige ich. Und zwar nicht nur, weil »Pirlo« der bekannteste Aperitif Brescias ist. Gemixt wird er übrigens ganz simpel: perlender Weißwein, Campari und kohlensäurehaltiges Mineralwasser.

Ich habe angefangen, den Pirlo zu trinken, als ich bei Inter spielte. Heißt es.

10

Ich habe mir den einen oder anderen ordentlichen Rausch erlaubt, von der ganz üblen Sorte, bei denen einen irgendwann die Lust überkommt, den Inter-Schal wieder hervorzukramen (oder den Milan-Füller) und sich damit vor dem Spiegel aufzubauen. Nur um den schönen, blonden, blauäugigen und hochgewachsenen Kerl zu sehen, der dann zurückguckt. Allerdings sollte man es nur dann so krachen lassen, wenn man gewonnen hat. Niederlagen verlangen ein anderes Vorgehen. Kein kollektives Besäufnis und schon gar kein gemeinsames Anstoßen. Im Allgemeinen funktioniert mein Hirn bei Pleiten auch besser als bei Erfolgen: Im ersteren Falle ist Nachdenken die angemessene Reaktion, im zweiten Rülpsen.

Der Ballon d'Or (die prestigeträchtigste Einzelauszeichnung, die ein Fußballer gewinnen kann) allerdings ist eine ganze eigene Geschichte. Sicher ist dabei nur so viel: Ich werde diese Auszeichnung nie gewinnen, was mich aber nicht wirklich traurig macht. Die Trophäe geht immer an andere, aber damit werde ich fertig.

2012 zum Beispiel. Italien wurde Vize-Europameister. Ich hatte mit Juventus die Meisterschaft gewonnen. Beim Ballon d'Or kam ich auf Rang 7 mit 2,66 Prozent der Gesamtstimmen. Das ist nichts. Gewonnen hat Messi mit 41,6 Prozent der Gesamtstimmen. Ich landete hinter Ronaldo (dem anderen), Iniesta, Xavi, Falcao und Casillas. Ich finde das ganz in Ordnung. Messi ist die Nummer eins, das ist sicher, absolut unumstößlich. Ein gerechtes Resultat. Außerdem habe ich mittlerweile kapiert, dass die internationale Jury aus Nationaltrainern, Kapitänen der Nationalmannschaften und Journalisten einfach eine Schwäche für die Goalgetter hat. Also hat man stets ein besonderes Augenmerk auf die Stürmer, die man für wichtiger erachtet als ihre Mannschaftskollegen. Mit wenigen Ausnahmen, zum Beispiel 2006, als Cannavaro gewann, ein Innenverteidiger. Es scheint, dass nur eines zählt: im richtigen Moment aufzuwachen, dann nämlich, wenn man den Ball vor die Füße bekommen hat. Die Vorlage scheint vernachlässigbar. Ohne den letzten Pass gäbe es kein Tor, aber ich rege mich nicht auf, wenn die Abstimmungsberechtigten dies beim Ausfüllen ihrer Stimmkärtchen vergessen.

Prandelli und Buffon haben für mich gestimmt, aber auch ich hätte, wie die Mehrheit, Messi gewählt. So lange Jahre auf seinem extrem hohen Niveau zu spielen ist für jeden anderen unmöglich. Natürlich hat auch ein Messi Leute im Rücken, die für ihn laufen und schwitzen, die dem zu Diensten sind, den sie als überlegen anerkennen. Solange er und Cristiano Ronaldo spielen, wird diese Wahl immer ein heftiger Zweikampf sein, auch wenn es am Ende doch ein Einzellauf ist, denn Cristiano Ronaldo wird vermutlich immer Zweiter werden. Mittlerweile weiß ich, dass der Ballon d'Or ein zu großer Traum für mich ist, ein Ziel, das ich wohl nie erreichen werde. Und ich habe das akzeptiert.

Ich sehe mir die Verleihung noch nicht mal im Fernsehen an, obwohl ich das eigentlich machen könnte. Ist ja nur einmal im Jahr. Ich habe Sky Sport und lasse es im Hintergrund laufen, während ich erledige, was ich zu erledigen habe. Als ich Siebter wurde, hörte ich Sepp Blatter im Hintergrund seinen Sermon abliefern. Den FIFA-Präsidenten, der sich 2006 weigerte, uns die Weltmeistertrophäe zu überreichen, weil er den italienischen Fußball nicht mag. Diese – in seinen Augen – grauenvolle Aufgabe überließ er anderen.

Er sprach im Kongresshaus von Zürich, während ich mit meinem Sohn Nicolò in Turin Fußball spielte.

»Papa, komm, jetzt verkünden sie, wer gewonnen hat.«

»Ja.«

Wir rennen weiter dem Ball nach. Dann naht der entscheidende Moment.

»Komm jetzt, Papa, jetzt gucken wir fern.«

»Okay.«

»Schnell, schnell.«

»Ist ja gut.«

Wir waren wirklich nicht gerade die Schnellsten, aber es interessierte mich wirklich überhaupt nicht, was da verkündet werden sollte. Vielleicht das vierte Geheimnis von Fatima. Oder doch das erste von Sepp Blatter? Wir setzten uns nicht mal hin, sondern standen vor dem Fernseher. Nicolò war natürlich viel gespannter als ich. Er schnappte sich die Fernbedienung und machte lauter.

»Messi hat gewonnen. Er ist Erster geworden.«

»Was für eine Überraschung.«

Das Resultat war vorhersehbar und gerechtfertigt. Ich dachte damals, dass die Weltmeisterschaft und die Champions League sehr viel mehr wert waren als der Ballon d'Or, aber laut gesagt habe ich das nicht. Denn sonst hätte ich hinzufügen müssen, dass ich beides gewonnen habe, Messi ein Weltmeistertitel aber bislang fehlt. Aber das hätte mich als gnadenloser Snob dastehen lassen, der ich nicht bin.

»Ronaldo ist Zweiter geworden ...«

»Ach ja?«

»Sogar Iniesta ist unter den ersten drei ...«

Iniesta hatte vor einigen Monaten die Auszeichnung als bester Spieler der Europameisterschaft erhalten. Die UEFA-Organisation des Turniers hatte mit mir in Kiew darüber gesprochen. Vor dem Finale gegen Spanien sagte man mir: »Andrea, du bist der Beste, aber wir können dir den Preis nur geben, wenn Italien gewinnt.« Das Resultat ist wohl noch jedem im Gedächtnis: 4 zu 0 für Spanien.

»Papa, Papa, Falcao ist Fünfter, Casillas Sechster. Und jetzt Pirlo. Pirlo! Das bist du, Papa!«

»Das stimmt.«

»Du bist Siebter geworden. Vor Drogba, Van Persie und sogar vor Ibrahimović.«

»Komm jetzt, spielen wir weiter.«

Also noch mal für die Nachrichten: Auf den ersten beiden Plätzen landeten zwei Stürmer. Dieses Ergebnis stimmt exakt damit überein, wie die Welt die einzelnen Positionen bewertet. Der Fehler liegt aber letztlich bei den Präsidenten der Klubs, die nicht merken, dass in der Architektur einer Mannschaft andere Dinge zählen. Natürlich zählen große Namen im Angriff. So verkauft man Eintrittskarten und Sammelalben. Doch Spiele gewinnt man mit dem, was dahinter kommt.

Und die Verteidigung ist der eigentlich wichtige Part der Mannschaft, denn die Erfolge werden hinten geboren. Einfach ausgedrückt: Am Ende steht der ganz vorne, der die wenigsten Tore kassiert hat. Technisch gesehen, ist Ronaldo (der echte) der stärkste Teamkamerad, mit dem ich spielen durfte, eine echte Kampfmaschine. Doch aus einem weiteren Blickwinkel betrachtet, war der Beste meiner Teamkameraden Paolo Maldini. Ein Verteidiger. Und was für ein Verteidiger. *Der* Verteidiger. Mehr gibt es dazu nicht zu sagen. Er war ein kompletter Spieler, körperlich, mental, in allem. Als ich zu Milan kam, hatte Paolo einfach Spaß an der Freude. Und der war ihm mit nahezu vierzig Jahren, kurz vor seinem Abschied, immer noch nicht vergangen. Seine Leidenschaft war mein großes Vorbild. Der Leitstern, der mich nicht nur während meiner gesamten beruflichen Karriere begleiten wird, sondern mein ganzes Leben lang. Für ihn gab es keine andere Orientierung als die Punkte in der Tabelle. Er hat mir gezeigt, wie es geht. Gewinnen, verlieren, ein Tor erfinden, eine Vorlage ersinnen. Auf der Bank sitzen, leiden, sich freuen, spielen, sich benehmen. Wütend werden, verzeihen, die andere Wange hinhalten, den ersten Stein werfen, ich selbst sein und dann wieder jemand ganz anderer. Den Mund halten, reden, entscheiden, Vertrauen haben, ein Auge zudrücken, beide Augen offen halten. Den Augenblick nutzen, meinem Instinkt vertrauen, allein stehen, für andere kämpfen, egoistisch sein und führen. Die Route wechseln, den Weg weisen. Alles und das Gegenteil von allem. Maldini ist ganz er selbst, aber er ist auch ein Stück von mir. Dass ich ihn nach seinem Abschied nicht mehr beim AC Milan gesehen habe, vielleicht in einer der Führungsrollen, fand ich schwer zu verkraften. Wieso hält man einen Spieler, der für den Verein über Jahrzehnte so wertvoll war, nicht? Wie kann man ihn auf den Markt werfen und riskieren, ihn zu verlieren? Auf diese Fragen habe ich keine Antwort, weil es schlichtweg keine gibt. Wir sind Freunde geblieben und haben uns über dieses Thema häufig unterhalten. Es ist kein Geheimnis, dass zwischen ihm und Adriano Galliani, dem Vizepräsidenten des AC Mailand, nie Einvernehmen herrschte. Daraus erwuchsen dann irgendwann Probleme, als es um die Vertragsverlängerung ging: Mr Füllfederhalter schlug Paolo einen Einjahresvertrag vor. Das war Paolo dann doch zu dumm. Er fühlte sich herabgesetzt. Man hat ihm keine Funktion angeboten, die seiner Bedeutung für den Verein gerecht werden würde. Irgendeinen Schreibtisch, der noch nicht einmal hätte vergoldet sein müssen. Und so biss man ihm einfach einen Teil seines Lebens weg. Wie Tyson gegen Holyfield. Am Ende ist es halt doch immer der Mann ohne Haare, der gewinnt. Ob er nun beißt oder gebissen wird.

Auch zu Alessandro Costacurta, der neben Maldini spielte, hatte und habe ich eine großartige Beziehung. Die beiden waren für uns immer der Fels in der Brandung, auch wenn es um andere Dinge ging, um ganz belanglose. Welche Schuhe soll ich anziehen? Fragte ich Costacurta. Welche Krawatte trage ich da am besten? Fragte ich Maldini. Welche Position auf dem Platz ist für mich die beste? Das habe ich beide gefragt. Wie benimmt man sich bei einem Bankett? Habe ich Maldini und Costacurta gefragt. Gerade zu Beginn wandten ich und meine jüngeren Kameraden uns an die beiden, nur um des Vergnügens willen, Beachtung zu finden und Wertschätzung. Man redet und man gewinnt miteinander. Das schaffte eine magische Atmosphäre, die jeden mitriss, der in diesen Kreis eintauchte. Wie Weihnachten. Man muss nur *Jingle Bells* spielen und einen älteren Herrn im roten Weihnachtsmannkostüm sehen und schon ist die Stimmung da. Dann ist dieses Weihnachten auch dein Weihnachten.

Milan hatte im Laufe der Jahre folgende Verteidiger: Baresi, Tassotti, Nesta, Thiago Silva – durchweg ausgezeichnete Spieler, wahre menschliche Schilde, die die Fehler der anderen abfederten. Wenn ein Stürmer einen Fehler macht, probiert er es halt noch mal. Wenn er dann ein Tor schießt, bekommt er den Ballon d'Or. Gerät aber der Verteidiger ins Schleudern, dann ist das eine ganz andere Geschichte. Prozentual gesehen, machen die Spieler, die hinten drin stehen, weniger Fehler als die im Angriff. Wäre das anders, so würden die Resultate lauten: 5 zu 4, 6 zu 7 oder noch krasser. (Wenn man von den Mannschaften, die Zdeněk Zeman trainiert, einmal absieht, denn in seinem Fall stoßen wir an die Grenzen der Realität.) Doch zurück zu Milan:

Solange der Verein solche Verteidiger hatte, haben sie geschafft, was sie sich vorgenommen hatten. Wer vorne spielte, war dann fast schon egal. Zu jener Zeit waren die Sammelkärtchen der Abwehr genauso begehrt wie die des Sturms.

Wäre ich Präsident, ich würde nie den Löwenanteil meiner Gelder in den Sturm investieren und an der Verteidigung sparen. Das sind letztlich nur Augenwischereien aus der Marketingkiste, die die Fans zufriedenstellen sollen.

11

»Andrea, wir haben diesen Huntelaar verpflichtet, du musst also bleiben.«

Silvio Berlusconi lächelt, während er mir ein Blatt Papier hinhält, das er soeben aus seinem Zweitageköfferchen gezogen hat. Vollgeschrieben mit Zahlen und dann noch das Foto eines blonden jungen Mannes. Die Statistiken des neuen Stürmers, den er gerade gekauft hat. Neben ihm steht der Füllermann und studiert aufmerksam meine Miene, sucht nach Anzeichen, wie ich reagiere. Nur wir drei saßen im Kaminzimmer in Milanello, auch wenn draußen alle wussten, dass wir hier waren. Nun, Huntelaar ist ein ausgezeichneter Spieler. Er kann Tore schießen, viele Tore. Sie haben ihn von Real Madrid geholt, doch er ist kein Kandidat für den Ballon d'Or.

»Nun, Andreino, was sagst du?«

Der Präsident des AC Mailand hatte an jenem Tag eine schwierige Aufgabe. Er musste mich überzeugen zu bleiben, den bereits gepackten Koffer, der nur darauf wartete, gewogen und versandt zu werden, zurückzuholen und wieder auszupacken. Wir schrieben den August 2009. Ich hatte mit Chelsea eine Vereinbarung getroffen, das sich Ancelotti als Trainer gegönnt hatte. Ancelotti ist ein Vater für seine Spieler, ein Meister, ein Witzbold und dazu noch sympathisch. Mit ihm habe ich die schönsten Jahre meiner Karriere verbracht. Für jeden Spieler, der alles geben und weiterkommen will, gibt es keinen Besseren als ihn. (Er ist besser als Mazzone, mit dem ich in Brescia trainierte. Mazzone ließ bis zum Donnerstagabend das Training von seinem Vize leiten, weil ihm kalt war und er lieber in der Kabine blieb, eingepackt in einen dicken Mantel.) Ancelotti war der eigentliche Grund, warum ich nach London wollte. Berlusconi hatte mittlerweile ein zweites Blatt aus dem Koffer gezogen, eine Liste mit zahlreichen Namen. Einer davon war eingekringelt.

»Bleib doch bei uns. Wir haben Huntelaar gekauft.«

Huntelaar ...

»Wir hätten andere haben können, sogar Claudio Pizarro, aber wir haben uns für ihn entschieden.«

Huntelaar ...

»Hör mal, Andrea. Das kannst du nicht machen. Aus, basta. Du bist das Wahrzeichen von Milan. Außerdem haben wir schon Kakà verkauft. Wenn du jetzt auch noch gehst, wäre das ein herber Schlag, auch für unser Image. Es kann doch nicht sein, dass jetzt alle gehen.«

Während des Confederations Cup, den ich gerade mit der Nationalmannschaft in Südafrika gespielt hatte, hatte ich häufig mit Ancelotti telefoniert. Das lag allein schon daran, dass es zwischen Südafrika und England kaum eine Zeitverschiebung gab. Man musste also nicht elend früh aufstehen, um mit dem anderen zu reden. Er wollte mich in London haben, um jeden Preis. Aber genau der Preis war das letzte, ja das einzige Hindernis. Unüberwindlich. Milan verlangte zu viel. Außerdem wollte man auch den einen oder anderen Spieler haben, Ivanović zum Beispiel, einen Verteidiger, den Chelsea allerdings nicht abgeben wollte.

»Herr Präsident, ich weiß es zu schätzen, dass ich hier als Ikone betrachtet werde, doch mein Vertrag läuft aus, und dort bietet man mir einen Vierjahresvertrag an.«

Und zwar mit einem Salär von fünf Millionen Euro pro Saison, aber eigentlich ging es mir nicht ums Geld. Die Dauer des Vertrages hingegen zählte für mich sehr wohl, denn es ist immer von Bedeutung, wie lange dein Vertrag bei einem bestimmten Klub läuft.

»Aber wo ist denn da das Problem, Andrea? Darüber kannst du doch mit Galliani reden, da bin ich mir ganz sicher. Darauf kannst du dich verlassen.«

»Sicher?«

»Bombensicher.«

Bei der letzten Silbe seines »bombensicher« stürzte der Präsident schon aus dem Raum, um die Presse zu informieren. Mit den Worten: »Andrea Pirlo steht nicht mehr auf dem Markt zur Verfügung. Er bleibt bei uns und wird seine Karriere bei Milan beenden.« Tatsächlich bin ich später zu Juventus gegangen. Aber Berlusconi ist nun einmal so. Er ist theatralisch und weiß genau, was er will. Er ist ein großer Präsident und wahrer Liebhaber schönen Fußballs. Gewinnen allein reichte ihm nie.

Als er noch ein viel beschäftigter Politiker war, sah man ihn wenig in Milanello und im Stadion. Und wenn er zu den Spielen kam, war er immer völlig erschöpft. Das Derby, die Spiele gegen Barcelona oder der Klassiker Milan vs. Juventus. Jahrelang kam er nicht zu uns, und wir haben das gemerkt, doch wenn er ins Trainingscenter kam, war all das wie weggeblasen. Das ist vielleicht schwer zu verstehen und noch schwerer zu erklären, aber wenn wir seinen Hubschrauber näher kommen hörten, löste das in uns etwas Positives aus. Das ist ein wenig wie bei einem alleingelassenen Hund: Wenn das Herrchen wieder heimkommt, wedelt das Tier trotzdem mit dem Schwanz. Sobald er gelandet war, redete er mit der gesamten Mannschaft. Er zog uns auf wie Sprungfedern. (Was das angeht, wird er immer der Beste sein, gleichsam ein Antonio Conte in Präsidialform.) Dann rief er einen nach dem anderen in ein kleines Zimmer in der Nähe der Umkleide, nur wenige Meter vom größten Trainingsplatz entfernt. Er liebte diese individuellen Gespräche. Mit Inzaghi, den er manchmal sogar anrief, sprach er immer ein bisschen länger. Die beiden hatten viel zu besprechen. Ich hingegen habe nie einen Anruf von Berlusconi erhalten. Ich habe ihn früher auch mal gewählt, obwohl er dies nie von uns verlangt hat. Für ihn war der Fußball heilig und die Politik etwas zutiefst Profanes. Natürlich ließ er keinen Zweifel daran, dass sein politisches Programm am besten geeignet sei, um Italien wieder groß zu machen. Er verglich die Erfolge der Mannschaft immer mit denen seiner Unternehmen. Es hieß auch mal, es müssten eine Million Arbeitsplätze geschaffen werden. Abzüglich einem, dem meinen. Hin und wieder berichtete er über Daten und Statistiken, die nicht diejenigen von Huntelaar waren.

Huntelaar …

Wenn er sah, dass uns das interessierte, holte er erst so richtig aus. Wie im Fernsehen bei Bruno Vespas Talkshow. Ein Vertrag mit den Italienern, der in Milanello bis ins Detail vorgestellt wurde. Plötzlich bemerkte er aus dem Augenwinkel, dass Ancelotti vorbeiging. Dann wechselte er sofort das Thema: »Carletto, denk daran. Ich will, dass diese Mannschaft mit zwei Spitzen spielt.« Wie sollte Ancelotti dies auch vergessen. Berlusconi muss es ihm mehr als eine Million Male gesagt haben. Und nicht nur ihm. »Und noch etwas, Carlo. Wir müssen auf dem Platz und im Spiel absolute Spitze werden. In Italien, in

Europa, ja in der Welt.« Die beiden diskutierten taktische Fragen miteinander, aber die Entscheidung oblag letztlich immer dem Trainer, der – im Klartext – einfach die dickeren Eier hatte. Eine beeindruckende Persönlichkeit. Trotz gelegentlicher Meinungsverschiedenheiten, vor allem was das Ende ihres gemeinsamen Weges anging, mochten die beiden sich.

Das konnte man nicht von allen Trainern sagen. So zum Beispiel der Türke Fatih Terim, den später Ancelotti ersetzen sollte. Er war eine eigenwillige, merkwürdige Gestalt. Gegen jede Art von Regel allergisch. Dass dieses Abenteuer nicht lange dauern würde, war schnell klar. Tatsächlich wurde er entlassen. Vor dem AC Mailand war er bei einigen kleineren Vereinen gewesen, wo er freie Hand hatte. Bei Milan war das etwas anderes. Er kam zu spät zum Mittagessen, lief bei offiziellen Anlässen ohne Krawatte auf, ließ Mr Füller alleine speisen, um sich zu Hause *Big Brother* im Fernsehen anzuschauen. Gelegentlich lief er in Milanello mit quietschbunten Klamotten herum. Wie John Travolta. Außerdem war er immer in Begleitung eines verrückten Übersetzers, der ihm folgte wie ein Schatten. Irgendwann riet ihm dieser, nicht mehr mit der Presse zu reden. Und zwar für recht lange Zeit. Bei Milan. Dem Verein, in dem Kommunikation seit jeher großgeschrieben wird. In der Kabine hingegen hatte der Übersetzer das eine oder andere Problem, Terims Worte korrekt für uns zu übersetzen.

Unser Trainer gestikulierte wild herum und sprach Türkisch mit uns: »Jungs, wir haben eines der wichtigsten Spiele der Saison vor uns. Wir werden von allen Seiten kritisiert, aber ich glaube an euch und werde das auch in Zukunft tun. Wir können jetzt nicht lockerlassen. Schließlich setzt man gewisse Erwartungen in uns. Wir sind stark und haben die moralische Verpflichtung, niemanden zu enttäuschen. Wir tun das für uns, für den Verein, für den Präsidenten, für die Fans. Es gibt Augenblicke im Leben eines Mannes, in denen er einfach sein Haupt erheben muss. Ich glaube, dass dieser Moment gekommen ist. Los geht's, Jungs. Auf, auf!«

Und der Übersetzer stand wie eine Salzsäule daneben und sagte auf Italienisch: »Morgen kommt Juventus. Wir müssen gewinnen.«

Einer redete fünf Minuten lang, der andere fünf Sekunden.

Terim: »Andrea, zu dir kommen alle wichtigen Bälle. Zieh das Spiel in die Breite, lass dir Zeit. Versuch die Situation einzuschätzen, bevor du den Ball an einen freien Mitspieler weitergibst, der nur wenig gedeckt wird. Wir sind von deiner Leistung abhängig. Du bist wichtig für dieses Milan, für diese Art des Spiels. Aber ich sage dir noch mal: Lass dir Zeit. Ruhig Blut. Denk zuerst nach, bevor du einen Pass spielst. Nur so lässt sich ein großes Spiel machen. Wir wollen Italien beweisen, dass wir noch da sind. Dass wir unsere Haut teuer verkaufen. Und jetzt raus mit euch, auf den Platz. Ich will ein Supertraining sehen, voller Intensität. Eines der besten in diesem Jahr.«

Der Übersetzer: »Pirlo spielt den Ball weiter. Und jetzt gehen wir raus zum Trainieren.«

Vor allem die Taktiksitzungen waren ein voller Erfolg, besonders am Anfang. Terim stellte sich vor uns in der Kabine auf, nahm die Kreide und zeichnete elf Kreise an die Tafel. Jeder Kreis stand für einen Spieler. Irgendwann allerdings war die Tafel so vollgeschmiert, dass Terim nicht mehr wusste, was die Verteidiger waren, wo das Mittelfeld stand und welcher Kreis die Stürmer repräsentierte. Einzig den Torwart identifizierte er noch korrekt. Er zeigte auf einen Kreis und meinte: »Also, Costacurta, du gehst dahin.« Ich antwortete an Alessandros Stelle: »Trainer, aber das bin ich.« Irgendwann verwechselte er die Verteidiger mit den Angreifern, und ich bekam allmählich das Gefühl, als mache er das absichtlich. Vier Angreifer auf dem Feld und nur zwei Verteidiger: Berlusconis verbotener Traum. Aber auch Terim wusste, dass ohne den Präsidenten, diesen Typus von Präsidenten, bei Milan nichts ging, weder wirtschaftlich noch machttechnisch. Ohne sein Geld und sein Engagement wäre Milan ein Verein wie jeder andere gewesen.

Erzielte der Verein im europäischen oder im Weltfußball Erfolge, überschlug Berlusconi sich vor Begeisterung. Wirklich. Er sang, klimperte mit seinem singenden Alter Ego Mariano Apicella herum, der die von ihm geschriebenen Lieder vortrug, und erzählte wie ein Besessener Witze. Unter Berlusconis Führung wurde der AC Mailand der meistausgezeichnete Klub der Welt. Genau so, wie es auf den Trikots steht. Und somit ist er der Präsident, der am meisten gewann.

Und er hat Huntelaar geholt.

12

Irgendwann einmal habe ich daran gedacht, mit dem Fußballspielen aufzuhören. Aber nicht wegen Huntelaar. Ich wollte einfach nichts mehr davon wissen. Mir wurde vom Fußball regelrecht übel. Ich hatte mich daran überfressen und war kurz davor, mich zu übergeben. Auch Ibrahimović oder Onyewu, mit denen ich bei Milan spielte, traf keine Schuld. Ibrahimović ist der einzige bösartige Schwede, den es auf der Welt gibt. Und Onyewu der einzige Amerikaner, der Fußball mehr liebt als Baseball, Basketball, Football und Eishockey, ja selbst mehr als die Hamburger von McDonald's. Ich habe die beiden sich prügeln sehen, während eines Trainings in Milanello. Sie haben sich verletzt, sich die Rippen gebrochen, sind sich an die Gurgel gesprungen. Und trotzdem war am Ende nur von einer »etwas lebhafteren Auseinandersetzung« die Rede. Wir, die wir dabei gewesen waren, hatten eher den Eindruck, die Mafia rechne ab. Oder der Highlander. Es kann nur einen geben. Mir haben sie Angst gemacht. Aber auch sie waren es nicht, die mir die Lust auf eine Fortsetzung genommen haben. (Dazu waren sie auch viel zu sehr mit sich selbst beschäftigt und damit, sich gegenseitig abzumurksen.)

Ich habe ans Aufhören gedacht, weil nach dem Champions-League-Finale in Istanbul 2005 alles sinnlos geworden schien. Dieses Finale gewann Liverpool gegen Milan, obwohl die Mannschaft bis zur vierundfünfzigsten Minute 3 zu 0 hinten lag. Das hatte mich allegemacht. In sechs Minuten haben sie uns drei Tore verpasst. Im Elfmeterschießen scheiterten wir an Dudek, dem tanzenden Esel, der auf der Linie hin und her hüpfte, bevor er die Bälle parierte. Doch die eigentliche Strafe lag darin, dass wir mit der Zeit kapiert haben, dass wir ganz allein die Verantwortung für dieses Desaster trugen. Wie das kommen konnte, weiß ich nicht. Tatsache ist, dass, wenn das Unvorstellbare Wirklichkeit wird, einer zu viel Mist gebaut hat. In diesem speziellen Fall die komplette Mannschaft. Das war ein Gruppenselbstmord. Wir nahmen uns an der Hand und sprangen von der Bosporusbrücke. In die berühmte Meerenge. Die Erfahrung am Bosporus steckte gleichsam in uns wie ein Zäpfchen, das sich weder vorwärts noch rückwärts bewegt. Ich spüre es immer noch in mir, es sitzt fest und macht sich deutlich bemerkbar. Es ruft mich beim Namen und reißt mir buchstäblich den Arsch auf.

Nach dieser Hinrichtung schlichen wir in der Kabine des Atatürk-Stadions herum wie die Zombies. Wir waren blutdürstig gewesen, es hatte nur ein Problem gegeben: Das vergossene Blut war unseres, und die anderen hatten es bis auf den letzten Tropfen aufgeleckt. Wir sagten nichts, wir bewegten uns nicht. Sie hatten uns buchstäblich ausgelöscht, geistig niedergebügelt. Der Schaden war schon bald nach Abpfiff zu erkennen. Doch das ganze Ausmaß des Desasters zeichnete sich erst in den folgenden Stunden klar ab. Schlaflosigkeit, Wut, Depression, Leere: Wir hatten eine neue Krankheit mit vielfältigen Symptomen erfunden – das Istanbul-Syndrom.

Ich fühlte mich nicht mehr als Fußballspieler. Das allein war schon vernichtend. Ich fühlte mich auch nicht mehr als Mann, und das war noch viel schlimmer. Mit einem Mal war Fußball das Letzte, an das ich dachte. Und das war nur logisch, weil es sonst immer das Erste gewesen war: eine sehr schmerzhafte Gegenreaktion. Ich traute mich schon gar nicht mehr, in den Spiegel zu sehen, weil ich Angst hatte, das Spiegelbild könnte vollgespuckt sein. Die einzig mögliche Lösung schien mir der Rückzug. Meine Leistung war derart lächerlich gewesen, dass man mich nicht einmal mehr für Woody Allens *Zelig* genommen hätte. Ich sah schon die Schlagzeilen: Ende der Geschichte. Ende des Weges. Ende von Pirlo. Selbst dort, wo ich gerne war, schlich ich nur noch mit niedergeschlagenem Blick herum. Nicht, um mitleidigen Blicken zu entgehen (das war ja das Geringste, was mir passieren konnte), sondern weil es mühsam ist, nach vorne zu blicken, wenn das Ziel unbekannt ist. Es gibt ja das sogenannte Lampenfieber. Der Ausdruck passte perfekt auf uns, denn in der Türkei sind wir ab einem bestimmten Augenblick von der Bühne verschwunden. Wir haben am 25. Mai gespielt, in Italien allerdings war die Meisterschaft noch nicht zu Ende. Wir mussten also nach Milanello zurück und trainieren, das Kreuz noch vier Tage weitertragen. Bis zum 29. Mai, dem letzten Spieltag in der ersten Liga, an dem wir in San Siro gegen Udinese Calcio antraten. Der Spießrutenlauf der Scham im eigenen Stadion war wohl die schlimmste Strafe, das skandalöse Defilee. Modell Null: wir.

Es war eine Scheißzeit, kurz und heftig. Wir konnten ja nicht weglaufen. Wir konnten auch nicht abschalten. Wir harrten einfach in dieser verkehrten Welt aus, und da wir die Komplizen der Selbstkasteiung (bei der unsere Würde verloren ging) ständig um uns hatten, kam das Gespräch immer und immer wieder darauf. Wir stellten uns Fragen, auf die wir keine Antwort gaben. Lauter Talkshowmaster, die zur kollektiven Psychoanalyse schritten. Mit einem, allerdings gravierenden Nachteil: Es war kein Arzt unter uns. Nur wir, die Verrückten. Der eine hielt sich für Schewtschenko, der andere für Crespo, wieder ein anderer für Gattuso, der Vierte für Seedorf oder Nesta oder Kakà. Ich gab mich als Pirlo aus. Ein Klub von Betrügern, die es zu weit getrieben hatten. Strafe musste sein. Ich schlief wenig und schlecht. Als ich erwachte, begrüßte mich als Erstes folgender Gedanke: »Ich bin ein Idiot. Ich höre auf zu spielen.« Ich legte mich mit Dudek schlafen und mit all seinen Kollegen vom FC Liverpool. Eine fußballerische Vergewaltigung ohne Ende. Gegen Udinese spielten wir 0 zu 0. Tore waren ein Fremdwort geworden. Ein Albtraum ist ein Albtraum, weil du weißt, dass er anfängt, sobald du die Augen schließt, aber nicht aufhört, wenn du sie wieder öffnest. Die Qual hat kein Ende. Für uns Spieler von Milan wartete die Saison noch mit einer Besonderheit auf: Wir wurden nach Coverciano berufen – zu (Un)Ehren der Nationalmannschaft. Lippi verstand sofort, was los war: »Oh, Jungs. Ihr seid ja völlig am Ende.« Prima Intuition. Das hätte auch ein Blinder gemerkt. Unsere Verzweiflung konnte man in Blindenschrift übersetzen. »Danke, dass ihr trotzdem gekommen seid.« Wir konnten nicht mehr geradeaus denken. Irgendwie bekamen wir es nicht auf die Reihe. Ich grüßte sämtliche Angestellte im Trainingscenter der Nationalmannschaft, als würde ich sie zum letzten Mal sehen. In meinem Kopf war es auch das letzte Mal. Bevor ich mich weiterhin so fühlte, wollte ich im Leben lieber etwas anderes machen.

Die Ferien brachten die Dinge dann allmählich wieder ins Lot, wenn auch nicht vollständig. Am ersten Tag hätte ich mich am liebsten in einen leeren Pool gestürzt, am zweiten immerhin schon in einen mit Wasser gefüllten (aber ohne wieder aufzutauchen), am dritten hätte ich mich am liebsten im Kinderplanschbecken ertränkt, am vierten überlegte ich noch, ob man ersticken könne, wenn man bei einer Plastikente Mund-zu-Mund-Beatmung macht. Es ging mir besser, aber wirklich nur Millimeter für Millimeter. Dieses Gefühl der Ohnmacht im Angesicht eines gnadenlosen Schicksals wird mich wohl nie ganz verlassen. Ein Rest wird davon immer bleiben, wird sich ewig an meine Füße hängen und versuchen, mich runterzuziehen. Wenn ich heute einen Fehlpass schlage, kann es sein, dass mir diese übelwollende Kraft wieder einen Streich gespielt hat. Sie ist es auch, die mich vom DVD-Rekorder fernhält, denn Milan – Liverpool ist ein Feind, der mich kein zweites Mal erwischen darf. Er hat schon genug angerichtet, im Verborgenen mehr als im hellen Tageslicht. Ich werde mir dieses Spiel nie ansehen. Ich habe es gespielt und wieder gespielt, einmal in Echtzeit, all die anderen Male beim Versuch, das Warum freizulegen, das vielleicht gar nicht existiert. In der vergeblichen Hoffnung auf ein anderes Ende. Wie bei den Filmen, die man sich noch mal ansieht, weil man hofft, die letzte Szene falsch verstanden zu haben. Denn nein, der gute Held kann doch nicht einfach so sterben.

2007 sind wir dann wieder aufgestanden. Wieder gegen die Engländer. Wieder in einem Champions-League-Finale. In Athen haben wir sie geschlagen mit zwei Toren von Inzaghi. Eines der Tore war ein Freistoß von mir, der Inzaghi nur streifte, bevor er ins Tor ging. Und doch war unsere Freude nicht halb so groß wie das Entsetzen, das uns damals gelähmt hatte, als unsere Waffen nacheinander scheppernd auf den Boden der Stadt am Bosporus fielen. Rache ist ein Gericht, das man am besten kalt genießen sollte. In Griechenland war es noch ein klein bisschen warm. Wir haben gejubelt, aber wir konnten nicht vergessen. Wir hätten es gewollt, doch wir waren dazu nicht fähig. Der Makel bleibt. Und das Gefühl war so stark, dass jemand sogar vorschlug, wir sollten in den Gängen von Milanello neben all den Trophäen, die Milan erstritten hatte, auch eine schwarze Fahne drapieren, die uns auf ewig an die Schande erinnern sollte. Eine Mahnung an die Nachgeborenen. Um sie daran zu erinnern, dass das Gefühl der Unverwundbarkeit der erste Schritt auf einer Straße ohne Wiederkehr ist. Ich würde das Ergebnis dieses verfluchten Spiels in die Annalen des Vereins aufnehmen, in Schönschrift neben die Meisterschaften und Pokale. In einer anderen Tinte vielleicht, aber gut lesbar, damit der Aufschrei, der darin konserviert ist, nicht verhallt. Sicher, es wäre peinlich. Aber gleichzeitig würde es die Erfolge noch deutlicher hervortreten lassen.

Hausfrauen haben diesen Trick perfektioniert. Sie schieben ihren Einkaufswagen durch den Supermarkt und legen San-Daniele-Schinken hinein, feinstes Mineralwasser, guten, ausgereiften Parmesan, einen feinen Barolo und schließlich noch einen traurigen fettarmen Joghurt ohne Geschmack. Sobald sie zu Hause die Einkäufe auspacken und Mann und Kinder den Joghurt sehen, hagelt es Proteste. Keiner von ihnen hätte diesen Joghurt ausgesucht. Und so heißt es lautstark: »Mama, diesen Joghurt brauchst du aber nicht mehr zu kaufen.« Denn sie nehmen ihn für das, was er ist: ein Fehler, ein stilistischer Missgriff, eine Ausnahme, die die Regel bestätigen soll. Dank des Joghurts erscheinen die anderen Lebensmittel nur umso glanzvoller, und das ist der Trick der klugen Hausfrau. Ein perfekter Plan, um den erlesenen Charakter der anderen Lebensmittel umso mehr hervortreten zu lassen. Die Familie wird diesen Joghurt ohne Geschmack nie wieder im Kühlschrank finden. Und ebenso hoffe ich, nie wieder einen Abend erleben zu müssen wie jenen vom 25. Mai 2005. Das würde ich nicht ertragen. Und wenn ich dafür mein letztes von sieben Katzenleben hergeben müsste! Lieber würde ich mich in die Badewanne stürzen. Oder in einen Käfig voller hungriger Dobermänner.

Aus den düsteren Momenten des Lebens sollte man seine persönlichen Lehren ziehen. Daher ist es die Aufgabe eines jeden, tief zu graben, um wieder einen Hoffnungsfunken freizulegen, eine Perle der Weisheit, einen wohlformulierten Satz, der dich künftig begleitet und dir den Weg weniger bitter werden lässt. Genau das habe ich gemacht. Leider ist mir nichts Besseres eingefallen als: Verdammte Scheiße!

13

Ja, verdammte Scheiße. Dreifach verdammt. Istanbul, das für mich nun auf immer die Hauptstadt des Bösen ist und mich zum Fluchen bringt. Ich konnte das Unglück nicht abwehren, aber irgendetwas muss ich doch tun, um damit fertig zu werden, also ist das Fluchen mein Blitzableiter. Meine einzige Waffe gegen das Schicksal, das erbarmungslos zuschlug. Andere sind da viel krasser und brauchen stärkeren Stoff. Alberto Gilardino zum Beispiel, mein Teamkamerad bei Milan und in der Nationalmannschaft, der dem Aberglauben verfallen ist. In seinem Rucksack findet sich alles, was ein echter Fußballer heute so braucht, und zwar vom Feinsten: ein Frotteemantel von Dolce & Gabbana, Pantoffeln von Dolce & Gabbana, ein Anzug von Dolce & Gabbana, Slips von Dolce & Gabbana, die Sonnenbrille von Dolce & Gabbana, ein Duft von Dolce & Gabbana. Und ein Haargel von L'Oréal, aber auch nur, weil Dolce & Gabbana ein solches nicht herstellt. Und doch trug er immer ein uraltes Paar Fußballschuhe bei sich, hässlich, zerrissen, aus stinkendem Leder und mit abgelaufenen Stollen. Mehr ein archäologisches Fundstück, aber blitzsauber und gepflegt wie ein Schatz. Alberto putzte sie regelmäßig, streichelte sie, redete mit ihnen, küsste sie. Verrückt oder? Unser Schuhsponsor untersagte ihm, diese Schuhe während offizieller Termine zu tragen. (Die Schläuche sahen ja wirklich aus, als hätte schon Attila, der Hunnenkönig, sie getragen.) Schließlich seien die Tage des Schwarz-Weiß-Fernsehens mittlerweile gezählt. Sandro Pertini sei längst nicht mehr Präsident und spiele folglich nicht mehr Karten im Flugzeug. Und John Fitzgerald Kennedy sei ermordet worden. Vor allem die letzte Nachricht brachte Alberto immer ein bisschen aus dem Konzept. Er konnte damit einfach nichts anfangen (»Im Ernst jetzt?«). Aber kaum hatte er sich davon erholt, siegte wieder sein Stolz: »Die werf ich nicht weg.«

»Aber Gila, warum denn? Die haben mehr Löcher als Schweizer Käse.«

»Aber mit denen habe ich eine ganze Reihe von Toren geschossen: Wenn ich sie in die Tasche stecke, mit der ich zum Match fahre, übertragen sie ihr Fluidum auf die neuen Schuhe.«

»Gila ...«

»Das magische Fluidum.«

»Gila ...«

»Ich schwör's dir. Und je mehr ich sie zwischen die anderen Klamotten quetsche, desto höher ist die Wahrscheinlichkeit, dass das Fluidum aus den Sohlen austritt und sich ausbreitet, bis es das neue Paar erfasst. Dass es schnell wirkt, um den gewünschten Effekt zu erzielen.«

»Du quetscht sie also aus wie eine Zitrone, um dann den Saft möglichst breit zu verstreichen.«

»Genau, Andrea. Endlich versteht mich mal jemand. Dabei muss man da gar kein Genie sein.«

»Da hast du recht. Ein Genie muss man dazu wirklich nicht sein ...«

Ich glaube, die Schuhe waren mal neu, als er noch bei seiner Jugendmannschaft in Biella oder wo auch immer spielte. Diese Schlappen mit den zerfaserten Schnürsenkeln ließen sein Gehirn aussetzen. Er wurde wieder zum Kind. Die Schuhe waren sein Amulett. Ohne fühlte er sich verloren. »Wenn ich sie dabeihabe, schieße ich ein Tor. Wenn ich sie zu Hause vergesse, bitte ich den Trainer, mich auf der Bank zu lassen. An so einem Tag bringe ich sowieso nichts.«

Doch Albertos harmloser Tick war immer noch besser als das entschieden lästigere Ritual Pippo Inzaghis. Pippo fing jedes Mal an, sich zu erleichtern. Buchstäblich. Und oft. Auch wenn das Absetzen von Kot für den Körper möglicherweise eine Wohltat ist, für die Mitspieler kann es zur nervenden Belastung werden, so kurz vor dem Spiel. Vor allem wenn die Umkleidekabine klein war, denn in kleinen Räumen verdichtet sich nun mal der Gestank. Pippo ging innerhalb von zehn Minuten drei- bis viermal aufs Klo.

»Das bringt mir Glück, Jungs.« Mir hat man immer erzählt, es bringe Glück, wenn man in die Scheiße tritt. Nicht, wenn man sie produziert. Oder riecht.

»Dir vielleicht, Pippo, uns nicht. Was zum Teufel hast du denn gefressen? Eine Leiche?«

»Kinder natürlich, du Kommunist!«, hätte Berlusconi da geschrien. Inzaghi meinte einfach nur: »Plasmons.«

Eigentlich erübrigte sich diese Frage. Pippo aß tatsächlich diese Kinderkekse aus Trockenmilch, und zwar zu jeder Tages- und Nachtzeit. Wir wussten das. Er war nun mal ein vierzigjähriges Baby. Und wenn der Packungsinhalt zur Neige ging, musste er genau zwei Kekse drin lassen. Nicht einen, nicht drei, sondern zwei. »Auf diese Weise sind die Sterne auf meiner Seite.« Die berühmte Konstellation aus Planeten und Plätzchen. »Und Finger weg von den beiden Keksen, sonst wird das kosmische Gleichgewicht gestört.« Wohl eher das seiner

Darmflora. Wir haben versucht, sie ihm wegzunehmen. Auf alle möglichen Arten. Ohne Erfolg. Er passte darauf auf wie die Mutter auf ihr Kind. Und er teilte sie mit niemandem, genau so, wie er nie einen Ball abgab. »Ich tue das zu eurem Besten. Ihr braucht meine Tore.«

Neben seinem Dessert für Flaschenkinder herrschte eine absolute Monotonie in seiner Ernährung: Pasta mit einem Hauch Tomatensoße und Bresaola zum Mittagessen und Pasta mit einem Hauch Tomatensoße und Bresaola zum Abendessen. Ein Menü fürs Leben. Er verhielt sich bei Tisch genauso wie vor dem gegnerischen Torwart. Er machte immer dasselbe, völlig ohne Fantasie, dies aber mit einer bemerkenswerten Effizienz. Zur Essenszeit saß er da und wartete, dass der Kellner ihm seine Nudeln brachte, die er dann reinschaufelte wie ein Scheunendrescher. Auf dem Feld wartete er, bis der Ball zufällig in seine Richtung sprang, und schon war das Leder im Tor. Mit zwei Schuhen, die er nie wechselte. Immer dieselben, egal, bei welchem Wetter. Er liebte sie mit eifersüchtiger Innigkeit. (Allmählich wird mir klar, dass Stürmer Fetischisten sind.) Ohne magisches Fluidum, aber mit einer Menge Flicken. Wie die Schuhe Gilardinos hatte er sie schon seit seiner Jugendzeit. Die Begründung für ihre Verwendung war allerdings eine andere: »Ich spiele mit diesen Schuhen, obwohl sie kaputt sind. Davon wird mich niemand abbringen, denn nur diese Schuhe sind wirklich weich.«

»Pippo, was redest du denn? Alle Schuhe für Profifußballer sind weich.«

»Nein, da täuschst du dich. Weich sind nur die hier.«

Ein Irrer, aber ein netter. Sehr sympathisch. Und auch nicht besser oder schlechter als Sebastiano Rossi, unser Torwart. Ein Hüne von gut zwei Metern, ein wahrer Kleiderschrank mit einer totalen Marotte: Vor dem Spiel durfte niemand hinter ihm vorbeigehen. Das hatte er strengstens verboten: »Das bringt Pech. Da könnt ihr mir gleich ein Eigentor schießen.« Wir bei Milan kannten diese Marotte und hielten sie entsprechend geheim. Niemand durfte davon wissen, auch Angelo Peruzzi nicht, der Torwart einer der Mannschaften, gegen die wir spielten. In San Siro gab es eine Halle, in der beide Teams sich vor dem Spiel aufwärmen konnten. Rossi übte mit seinem Trainer, den Rücken an der Wand. Das war immer so. Dann aber fiel ihm der Ball aus der Hand. Er machte zwei Schritte nach vorne, um ihn zu holen, doch in diesem Augenblick sah er Peruzzi auf sich zukommen. Er ging ganz langsam, aber eben genau auf ihn zu. Rossi ließ sofort alles stehen und liegen und warf Peruzzi zu Boden. Er krachte laut auf den Boden, das Geräusch klang durch die ganze Halle. Gefolgt von folgenden Worten: »Verschwinde von hier. Das ist Privatbesitz. Niemand geht hinter mir vorbei.« Als hinge dort ein Schild: »Ich muss leider draußen bleiben.« Und mit dem durchgekreuzten Konterfei des Torwarts statt dem eines Hundes. Es gab kein Nachspiel. Offensichtlich hat Peruzzi schnell kapiert, dass man mit Irren am besten nicht streitet.

»Seba, du hättest ihn verletzen können.«

»Schade, dass ich es nicht geschafft habe.«

In der Umkleidekabine sammelte er darüber hinaus immer sämtliche Scheren ein. Diese brauchen wir, um das Klebeband zuzuschneiden, mit dem wir unsere Strümpfe am Bein festkleben. Er musste immer der Erste sein, der die Schere benutzte. Erst dann erhielten wir Teamkameraden die Erlaubnis dazu: »Das müssen wir unbedingt beibehalten. Ich weiß genau, dass uns sonst das Pech an den Schuhen klebt.« Wann immer er das sagte, folgte ich der uralten Tradition: Ich berührte mit der Hand meine Hoden, um eventuell drohendes Unglück abzuwenden. Hätte ja sein können, dass er recht hatte.

Als ich noch bei Reggina Calcio spielte, war Paolo Foglio das lohnendste Objekt für fußballethnologische Studien. Er ging nicht zu Bett, bevor er nicht seine Fußballschuhe an die Wand gelehnt hatte. Einen über den anderen, die Spitze musste nach unten zeigen. Eine recht schwierige Geschicklichkeitsübung.

Es war lustig, den anderen bei den unwahrscheinlichsten Exorzismen zuzusehen, die in meinen Augen nur Zeitverschwendung waren. Gewöhnlich bilden sich derartige abergläubische Riten, wenn etwas schiefgegangen ist: Ein Torwart musste zu oft hinter sich greifen, ein Stürmer hatte Ladehemmung, bei Plasmon wurde gestreikt (siehe Pippo Inzaghi).

Ich behalte auch in schwierigen Momenten, die in meinem Leben glücklicherweise nicht häufig waren, einen halbwegs klaren Kopf. Ich glaube, dass auch Außenstehende es zu schätzen wissen, dass ich mich wie ein normaler Mensch benehme, ohne allzu viele Exzentrizitäten. Es gefällt mir, wenn Eltern zu ihren Kindern sagen: »Pirlo ist echt in Ordnung. Nehmt euch ein Beispiel an ihm.« Man kann stark sein, sogar sehr stark, ohne Mätzchen. Man kann für die Mannschaft wichtig sein, auch ohne sich einen ausgeflippten Haarschnitt verpassen zu lassen. Ich mag noch nicht einmal Tattoos. Ich habe nur drei, und auch die klein und versteckt: den Namen meines Sohnes Niccolò in chinesischen Buchstaben im Nacken, ein A für seine Schwester Angela gleich darunter und den Namen meiner Frau Debora auf dem Ringfinger, direkt unter dem Ehering. Sie sind für andere nicht sichtbar. Bestimmte Gefühle sind allein meine Sache. Ich spüre sie auf der Haut, weil ich sie auf der Haut haben will. Bei Juventus gibt es ohnehin weniger abergläubische Spieler als in jeder anderen Mannschaft, in der ich bis jetzt gespielt habe. Conte, unser Trainer, ist sehr religiös. (Er küsst vor dem Spiel alle möglichen Heiligenbilder und Kruzifixe, Madonnen und Rosenkränze.) Er würde bestimmte Stammesriten einfach nicht dulden. Mit einer Ausnahme: Präsident Andrea Agnelli. Während meiner ersten Saison im schwarz-weißen Trikot verpasste er sämtliche Auswärtsspiele: »Ich bin mir nur in Turin sicher, dass wir gewinnen. Auswärts könnte es negative Schwingungen geben.«

Wir haben die Meisterschaft auswärts gewonnen, weil wir Cagliari im Rocco-Stadion in Triest geschlagen haben: Der Präsident war nicht dabei, aber dazu möchte ich nichts sagen. Wer mein Gehalt bezahlt, hat immer recht.

14

Sein Onkel Gianni Agnelli war der »Avvocato« (Anwalt), sein Vater Umberto der »Dottore« (Doktor), aber er selber ist einfach nur Andrea. Eine vergleichsweise einfache Anrede für jemanden, der letztlich so ist wie alle Agnelli. Auch wenn *agnello* eigentlich »Lamm« heißt, sind sie doch Löwen. Sie lassen sich nicht ködern und nehmen sich die Freiheit, sich unters Volk zu mischen. Denn Andrea ist einer von uns. Und einer von ihnen, unseren Fans. Mit einem kleinen Unterschied allerdings, denn wenn er etwas sagt, dann springen die Spieler, die ihm gehören und gleichzeitig allen, denn bei Juventus handelt es sich im Grunde um eine kommunistische Zelle im kapitalistischen Lehnswesen. Er bezahlt, die anderen feiern, und wenn sie feiern, dann feiert auch er. Juventus ist nicht sein Spielzeug. Der Verein ist sehr viel mehr – eine Familienpassion, Privatbesitz, aber doch Allgemeingut. Geerbt, gepflegt und groß gemacht. Ein Präsident. *Der* Präsident. In der Vergangenheit verwurzelt, schafft er die Zukunft. Die Gegenwart ist eingebettet in den Fluss der Geschichte der Bianconeri mit dem schwarz-weißen Trikot, greifbar und doch flüchtig. Das Motto von Andrea Agnelli heißt: »Arbeit, Arbeit und noch mal Arbeit.« Er hätte das nicht nötig, aber ohne kann er nicht leben. »Nur so lassen sich ehrgeizige Ziele erreichen, nur so gewinnt man.« Er hängt schon fast krankhaft an seinem Verein. Freunde sind jederzeit willkommen, Feinde aber müssen aufgehalten werden, und zwar so schnell wie möglich. Da kann sogar das eigentlich lammfromme Lamm böse werden. Dann teilt er aus, zahlt zurück mit gleicher Münze. Jede geringschätzige Geste gegenüber Juventus ist ein direkter Schlag ins Gesicht von Andrea, der sofort geahndet wird. Er tobt und langt zu, mit Worten, die Urteilssprüchen gleichkommen. Gegenüber der Mannschaft verhält er sich stets sehr fürsorglich. Er erhebt nie die Stimme, weder im Guten noch im Bösen. Er und Juve, das bedeutet: bis dass der Tod uns scheidet. Er hat uns gleichsam geehelicht. Zuerst kommen wir, dann er. Er liebt uns, das wissen wir.

Wie Conte versteht er es, den richtigen Moment abzuwarten, um die Dinge anzusprechen, die nötig sind. In leisem Ton, fast flüsternd. Er könnte von Gianni Agnelli sprechen, von Umberto Agnelli, Juves großem Präsidenten, aber er tut es nicht. Er könnte von Michel Platini reden, von Roberto Baggio, möglicherweise auch von Alessandro Del Piero, aber auch das tut er nicht. Er verliert sich nicht in den einstigen Großtaten einer Unternehmerdynastie und einer Mannschaft. Er zieht keine Vergleiche, das würde uns vielleicht verlegen machen, und das ist nicht seine Art. Eines aber höre ich ihn immer wieder sagen: »Hier zu spielen muss ein Privileg sein, eine schöne Sache. Ein Schicksal für einige wenige, für das man dem Himmel danken muss. All die, die das Trikot von Juventus tragen, haben früher oder später gewonnen. Eine, zehn, hundert Trophäen. Dieser Klub ist alles, aber das muss er auch für euch sein. Ihr müsst es tief drinnen in euch spüren, dass ihr Juventiner seid. Lasst euer Abenteuer groß und weit werden, macht Ruhm und Glorie daraus. Nehmt euch ein Beispiel an euren Vorgängern. Denn ihr werdet Vorbild sein für die, die euch nachfolgen.«

Selbst wenn Andrea Agnelli über andere Themen spricht, geht es letztlich immer um Juventus. Er kommt vor jedem Spiel in die Kabine, hält aber nicht immer eine Ansprache. Wenn der Energiepegel mal sank, zum Beispiel nachdem wir in Triest die Meisterschaft gewonnen hatten, kam es schon mal vor, dass er uns vom Ryder Cup erzählte, dem großen Golfturnier, denn er liebt auch Golf.

»Jungs, es gibt ein Turnier, das alle zwei Jahre gespielt wird und bei dem die stärksten Golfer aus Europa und den Vereinigten Staaten gegeneinander antreten. Es ist das höchste Turnier, das ein Golfer je spielen kann. Das Paradies, das nicht warten kann.«

2012 wurde der Ryder Cup vom Medinah Country Club ausgerichtet, in der Nähe von Chicago.

»Am Ende des ersten der zwei Turniertage lagen die Amerikaner 10 zu 6 vorne. Sie waren nur noch einen Schritt vom Sieg entfernt, vom absoluten Traum, von allem, was sich ein Golfer wünschen kann. Sie brauchten nur noch viereinhalb Punkte, um zu gewinnen. Und für alle, die vom Golf keine Ahnung haben: Das ist wirklich nicht viel. Die Europäer hingegen hätten acht der zwölf Einzelmatches gewinnen müssen, um gleichzuziehen. Dann hätten sie die Trophäe weiter behalten dürfen.«

Er redete also von Typen, die eine eigenartige Schirmmütze tragen, einen Schläger in der Hand halten und mit blitzblanken Schuhen über den Rasen stolzieren. Zwei Gruppen von wohlsituierten Gentlemen auf dem perfekten Grün. Und doch gelang es ihm, unsere Aufmerksamkeit zu wecken. Wir ließen uns von seinen Worten mitreißen, er wusste einfach, wie er uns fesseln konnte. Es war totenstill in der Kabine, als stünden auch wir am Rand des Platzes in Illinois und hielten den Atem an.

»Am letzten Tag des Wettbewerbs gelang der europäischen Mannschaft das Wunder. Sie zogen nicht nur mit den Amerikanern gleich, sondern holten auch noch einen Punkt mehr als diese. Mit Willenskraft, denn der Wille vermag alles. Er reißt Mauern nieder, löscht Unterschiede aus, erlaubt uns, uns in die Lüfte zu erheben. Die Vereinigten Staaten waren machtlos. Sie mussten der gewaltigsten Aufholjagd zusehen, die es je in der Geschichte des Ryder Cup gegeben hatte. Ohnmächtig wurden sie einfach überrannt, ganz gegen ihren Willen. Die Zeitungen schrieben damals vom ›Wunder von Medinah‹. Jungs, gebt alles. Lasst nicht locker.«

Ich mag ja einen Dachschaden haben, aber mir lief damals ein Schauder über den Rücken. Einen Augenblick lang erinnerte Andrea mich an Al Pacino in *An jedem verdammten Sonntag*, dem Kultfilm, in dem er den Trainer einer Footballmannschaft spielt. Auch er sprach damals unvergessliche Worte. Das Kino lässt uns oft das Herz bis zum Hals schlagen. Ich sah unseren Präsidenten an und sah den amerikanischen Schauspieler in ihm, der mit rauer Stimme sein Evangelium predigt: »Entweder wachsen wir jetzt als Mannschaft zusammen oder wir lassen uns eindosen. Zentimeter um Zentimeter, Spielzug um Spielzug, bis zur endgültigen Niederlage. Wir, Gentlemen, hocken bereits in der Hölle. Glaubt mir. Wir können da bleiben, uns ohrfeigen lassen, oder wir erkämpfen uns den Weg ins Licht. Wir können die Wände der Hölle hinaufkriechen, Zentimeter um Zentimeter. Aber das kann ich nicht für euch tun.« Also haben wir es für ihn getan. Ich bin an jenem Tag nach Hause gekommen und habe sofort den Computer eingeschaltet, um mich über den Ryder Cup zu informieren. Ich wollte mehr wissen. Andrea hatte mich neugierig gemacht. Und ich habe die Namen der Protagonisten gefunden. José María Olazábal, der Kapitän, der nicht spielte. Und dann: Rory McIlroy, Justin Rose, Paul Lawrie, Graeme McDowell, Francesco Molinari, Luke Donald, Lee Westwood, Sergio García, Peter Hanson, Martin Kaymer, Nicolas Colsaerts und Ian Poulter. Sie waren zu zwölft, so wie angeblich auch wir von Juventus, wenn wir einen Sieg einfahren. Denn dann wird ja mit schöner Regelmäßigkeit behauptet, der Schiedsrichter hätte den Sieg für uns errungen. Wenn aber tatsächlich ein zwölfter Mann mit uns auf dem Platz steht, dann ist es das Publikum. Immer, ob zu Hause oder auswärts. Sie, wir, Andrea, alle für einen und Andrea für alle.

***

Er und ich konnten uns vom ersten Moment an gut leiden. Die Begegnung, bei der das Eis brach, fand am Sitz von Juventus statt, am Corso Galileo Ferraris in Turin, an dem Tag, an dem ich vor Fotografen und Filmkameras meinen Vertrag unterschrieb.

»Ich bin glücklich, dass du jetzt hier bist, Andrea«, sagte er.

»Ich bin hier, um zu gewinnen, Andrea«, antwortete ich ihm.

»Das hört man gern.«

Ich hatte vom ersten Moment an einen sehr guten Eindruck von ihm, und ich glaube, umgekehrt trifft dies auch zu. Es war quasi eine sportliche Liebe auf den ersten Blick. Wenn man bedenkt, woher ich kam – von Milan und damit dem schärfsten Rivalen von Juve –, ist das beileibe keine Selbstverständlichkeit. Als ich ihn dann näher kennenlernte, kam ich schnell dahinter, dass wir noch einen Charakterzug teilten: Sobald er einen Sieg errungen hat, dürstet er nach dem nächsten. Er ist nie zufrieden und hat schnell begriffen, worum es bei diesen Titanenkämpfen geht. Außerdem hat er Juve den alten Kampfgeist zurückgegeben, der mir als Gegner dieser Mannschaft stets enorm zu schaffen gemacht hatte. Wer gegen Juventus spielte, musste sich bewusst sein, dass die Burschen den letzten Tropfen Schweiß, den letzten Tropfen Blut geben würden. Sie kassierten Tritte und richteten sich wieder auf. Sie jagten den Ball ins Netz und ein paar Minuten darauf gleich noch einmal. Man versuchte, sie einzuschüchtern, aber das machte sie nur wütender und noch gefährlicher. Der große Korruptionsskandal im italienischen Fußball, bei dem Juventus die Meisterschaft aberkannt wurde und die Mannschaft in die zweite Liga absteigen musste, hat sich auf die Mannschaft, in der ich spielte, eher positiv ausgewirkt. Aber ich glaube, selbst ohne dieses »Jetzt erst recht!« hätte sie genauso gewonnen, einfach aus eigener Kraft. Ohne Hilfe von außen. Dort, von wo ich kam, hatte man Juventus Turin ständig kritisiert, ja mit allen Mitteln bekämpft. Doch als wir in Triest die Meisterschaft errangen, schlüpfte auch ich in das Trikot mit der

Aufschrift: »30 Titel auf dem Platz gewonnen«. Man hatte uns eine Meisterschaft aberkannt, doch dieser Titel wurde ja keiner anderen Mannschaft zuerkannt, und folglich gilt er für mich als gewonnen. Wer kein Schwarz-Weißer und damit kein Juve-Fan ist oder wie ich geworden ist, der versteht das nicht. Es war die Rückkehr zur Normalität, eine weiche Landung, welche von all den Turbulenzen eine ganze Weile verhindert worden war.

Die Tatsache, dass Andrea ein kampfbereiter Präsident ist, mag man ihm nicht sofort ansehen, lebt er doch wie jeder andere Mensch seines Alters, ohne Allüren und so weiter. Immer wieder sieht man ihn in Jeans und Hemd durch die Straßen Turins schlendern, und wer immer sich mit ihm unterhalten will, ist willkommen. Er antwortet auf die Fragen der Fans, hört sich deren Ratschläge an, aber auch ihre Kritik. Er legt seinen Standpunkt dar, ohne sich zu verstecken. Er lebt in der Stadt, nimmt die Stimmung der Menschen dort auf. Er wäre ein guter Bürgermeister. Nach seiner ersten Meisterschaft hat er mit uns in der Discoteca Cacao im Parco del Valentino gefeiert. Er ist richtig aus sich herausgegangen, hat getanzt, getrunken, ja sogar Karaoke gesungen. Ich weiß nicht mehr, ob es zu *Vaffanculo* (Fick dich) von Marco Masini war, der allerdings die Fiorentina, die Mannschaft von Florenz, unterstützt, aber mir gefällt die Sache an sich. Ein Lied für all jene, die nicht an uns geglaubt haben. Und er hat uns gedankt: »Ihr seid mein ganzer Stolz. Ich bin erst seit Kurzem Präsident, und ihr habt mir schon ein wunderbares Geschenk gemacht. Ich wusste, dass wir die Besten in Italien werden würden, doch habe auch ich geglaubt, dass wir länger dazu brauchen würden. Ah, und jetzt ist Italien nicht mehr genug.«

Da hörte ich die Hymne der Champions League im Kopf erklingen. Andrea zwinkerte mir zu. Andrea Agnelli. Hundert Prozent Agnelli.

15

Nach der ersten gewonnenen Meisterschaft hatte Andrea sozusagen ein Auge auf mich geworfen. Er nahm mich ins Visier und feuerte – Blumen statt Projektile. Macht Liebe und vergesst den Krieg. Wenn euch noch Zeit bleibt, dann macht ein Tor und widmet es mir. Ungläubig schwebte er auf Wolke sieben, leicht wie der Traum, den er gerade durchlebte. Er war glücklich. Keine Wolke am Himmel, dreißig Sonnenstrahlen auf dem Platz und dann der wenig orthodoxe Wunsch, in die Sonne zu blicken und dir die Netzhaut zu versengen, denn wenn du ins Paradies schaust, bringen Sonnenbrillen wenig. Ganz im Gegenteil, sie verdunkeln ein lächelndes Gesicht, machen es düster, kantig und lassen die Feinheit seiner Züge verschwinden.

Doch was schmachtende Blicke anging, war es eindeutig André Schembri, der an einem Abend in Modena alle anderen übertraf. Er war Mittelfeldspieler aus Malta, und ich bin überzeugt, dass er sich auf der Stelle in mich verliebt hat. Ich habe es an seinen Augen gesehen, die sich zu kleinen Herzchen formten. Schon von der ersten Minute des Spiels der italienischen Nationalmannschaft gegen sein Malta an ließ er mich nicht aus den Augen. Erst als es wieder in die Kabinen ging, löste er seinen Blick von mir. Ohne übrigens einen Cent Schaugeld zu bezahlen. Man schrieb den 11. September 2012: André war ein Kamikaze-Fußballer und vielleicht auch ein Kamikaze-Liebender. Der Ball war ihm einerlei. Als wäre er eine leere Hülle und damit ein überflüssiges Accessoire. Für ihn zählte nur eines: dass ich an seiner Seite war oder, genauer gesagt, er an meiner. Wir gerieten sogar miteinander ins Stolpern, ich und mein unvollkommener Schatten. Ich bewegte mich, er mir nach. Ich wurde langsamer und er zog die Handbremse. Ich war Opfer einer Nahbegegnung der dritten Art. Hätten wir uns in einer dunklen Straße befunden statt auf einem Fußballplatz vor den Augen von 20 000 Menschen, hätte ich die Polizei gerufen. Er litt an einer recht dunklen Liebe, denn er hat mich sogar getreten.

»He, was treibst du da eigentlich?«

»Bitte?«

»Was soll das? Du starrst mich die ganze Zeit an, du müsstet mein Gesicht mittlerweile auswendig kennen. Du trittst mich in einer Tour, aber den Ball hast du noch kein einziges Mal gespielt. Spiel endlich Fußball, statt dauernd um mich herumzuscharwenzeln.«

»Das geht nicht. Unser Trainer hat gesagt, ich soll dich nicht aus den Augen lassen. Weiter soll ich nichts machen. Meine Aufgabe ist es, dich zu stoppen.«

»Ja, aber der Ball ist dort drüben. Ganz weit weg von uns. Jetzt lass mich mal durchatmen und halt ein bisschen Abstand.«

»Der Ball ist mir egal, ich muss auf dich aufpassen und damit basta.«

Hätte er einen Ring dabeigehabt, hätte er mich um meine Hand gebeten: »Ich, André, nehme dich, Andrea, zum mir angetrauten Zielobjekt, um dich zu treten, zu verfolgen, an dir zu kleben für jeden weiteren Tag meines Lebens, bis dass der Schiedsrichter uns scheidet.«

Sein Verhalten machte mich regelrecht nervös. Immer wieder hoffe ich, dass solche Kletten endlich aussterben, aber offensichtlich bleibt mein Wunsch unerhört. Sie werden sogar immer mehr. Malta spielte gegen Italien, Schembri gegen mich. Das konnte einen zum Wahnsinn treiben.

»Macht dir das Spaß? Mir tut es ja leid für dich ...«

»Ich habe ja nie gesagt, dass es mir Spaß macht. Das hast du gesagt. Ich führe nur die Anweisungen meines Trainers aus.«

»Also macht dir das Spiel keinen Spaß?«

»Nein, aber dir auch nicht.«

Er hatte ja so recht. Auch mir machte es keinen Spaß, und das war keineswegs das erste Mal. Früher verpflichteten die gegnerischen Trainer ihren besten Mann, die Nr. 10 zu decken, den Gegner mit der größten Klasse und der höchsten Reffinesse. Die Absicht war klar: ihn nicht ins Spiel kommen zu lassen. Dann aber haben sich die Dinge geändert, der Fußball hat sich weiterentwickelt. Heute konzentriert sich die gegnerische Mannschaft auf die zentralen Mittelfeldspieler, die das Spiel mit ihren Ideen aufbauen, Spieler wie ich also. Und sie heften dir den schlechtesten Mann an die Fersen. Das Resultat ist immer das gleiche. Man geht vom Platz, übersät mit blauen Flecken. Sogar in der durchaus hochklassigen Partie gegen den AS Rom war das so. Da hängte sich Francesco Totti an mich dran, einer, der gelegentlich seine Ausraster hat, aber am Ende bat er mich um Entschuldigung. Das ist dann auch in Ordnung. Er hat ein Foul begangen, das eigentlich nicht sein Stil ist. Ich bin mir sicher, dass das keine Absicht war. Aber es ist nicht einfach, neunzig Minuten lang einen Bullenbeißer zu zähmen, der dir nachrennt. Er der Hund und du der Knochen: Das ist mittlerweile so üblich, aber ich werde mich nie daran gewöhnen. Diese Taktik macht den Fußball zu einer Art Ringkampf, und das gefällt mir nicht.

Meine Verfolger sind gewöhnlich Menschen, mit denen ich am Ende des Spiels das Trikot tausche. Ich habe das sogar mit Schembri gemacht. Wenn man ein ganzes Spiel lang beobachtet wird, ist das so, als würde man sich sein Leben lang kennen. Ich möchte sie ja abschütteln, versuche, ihnen zu entkommen, eine Situation zu schaffen, in der ich trotzdem an den Ball komme und mein Spiel machen kann. Ich möchte meine Spielzüge durchziehen, auch wenn man versucht, mir quasi Fußketten anzulegen, doch es gibt Tage, an denen dies wirklich schwierig ist. Selbst die schlechtesten Spieler können laufen und rennen. Kampfmaschinen ohne Gehirn, aber mit einem durchtrainierten Körper. Wenn ich sie ausdribbeln kann, holen sie mich in hundert Jahren nicht ein, aber wenn ich mit ihnen zusammenpralle, verletze ich mich. Die Trainer der anderen Mannschaften fürchten mich offensichtlich, sonst würden sie nicht zu solchen Methoden greifen, aber das ist ein schwacher Trost. Wer mir auf den Fersen bleiben soll, schaltet sich so gut wie nie ins Spiel ein. Sie tragen den einen oder anderen Angriff mit, doch sobald sie den Ball verlieren, machen sie kehrt und beehren mich erneut mit ihrer Gegenwart, nur einen Gedanken im Kopf: mich umzusäbeln.

Selbst Sir Alex Ferguson, der rotnasige Manager, der Manchester United zu einer furchterregenden Kampfmaschine ausgebaut hat, der Mann ohne Makel, hat, sobald es um mich ging, seine guten Vorsätze vergessen. Für diesen Abend hat er die Fairness und klare Linie seiner Politik vergessen. An jenem Tag bekam seine weiße Gentlemanweste einen Fleck. Bei einer der zahlreichen Begegnungen zwischen ManU und Milan, bei denen ich mit auf dem Platz stand, hatte er Park Jisung auf mich gehetzt, den ersten Koreaner der Geschichte, der unkontrolliert mit der Atomkraft herumexperimentierte, denn er schoss mit der Schnelligkeit eines Elektrons über den Platz. Er rannte vor und zurück, schaltete sich in den Angriff ein, und wenn er nichts bewegte, konzentrierte er sich auf mich. Er zog mich am Trikot, legte mir die Hände auf den Rücken, ließ mich in jeder Sekunde seine Präsenz spüren. Er versuchte, mich einzuschüchtern. Er sah den Ball an und wusste ganz offensichtlich nicht mehr, was das war. Unidentifiziertes rundes Flugobjekt. Man hatte ihn darauf programmiert, mich zu decken. Das, und nur das, erledigte er mit geradezu rührender Hingabe. Obwohl er zu jener Zeit schon berühmt war, gab er sich dafür her, ein ganzes Spiel lang nur den Wachhund zu spielen und dafür sein unglaubliches Potenzial ungenutzt zu lassen.

Ich empfinde das als himmelschreiende Ungerechtigkeit und mitunter tut mir mein Bewacher sogar leid. Ein Fußballspieler, vor allem aber ein Mensch, den man dazu zwingt, auf den Platz zu gehen und seine Würde zu verlieren, als Zerstörer zu arbeiten, statt das Spiel mitzugestalten. Eine jämmerliche Rolle zu spielen, indem er versucht, auch mich auf das Stadium der Jämmerlichkeit zu reduzieren.

***

Auf dem Platz bin ich ein Zigeuner, ein Mittelfeldspieler auf der ständigen Suche nach freiem Raum, wo ich mich, zumindest einen Augenblick lang, ungehindert bewegen kann, ohne dass irgendwelche Manndecker mich einschnüren wie ein Korsett oder verflixte Malteser mir folgen wie ein Schatten. Ein paar Quadratmeter, auf denen ich ganz ich selbst sein kann und mein Motto lebe: Ich hole mir den Ball, passe ihn zu einem Kameraden und der macht ein Tor. Das nennt man Vorlage, ich ebne sozusagen den Weg zum Glück.

Vielleicht liegt es ja an diesem Herumzigeunern auf dem Platz, von einer Ecke zur anderen – zu Fuß allerdings und nicht auf Rädern –, dass irgendjemand plötzlich die Mär aufgebracht hat, ich entstamme einer Familie von Roma, genauer gesagt Sinti. Vor dem Spiel Italien – Rumänien bei der Europameisterschaft 2008 in Österreich und der Schweiz stand diese Nachricht plötzlich in der Zeitung und wurde dort ausführlich mit angeblichen Fakten untermauert und kommentiert. Anfangs habe ich die Geschichte noch mit Humor betrachtet. Ich lachte, wenn man mir die Schlagzeilen zeigte. Dann aber bekam diese Zeitungsente Nachwuchs und verbreitete sich im gesamten Blätterwald. Die Schreiberlinge erfanden wirklich absurde Dinge über meine Familie. Man fing an, meine Familie auszuspionieren, und berichtete über unsere Gewohnheiten, die Orte, an denen wir zum Essen gingen, die Menschen, die wir trafen, und so weiter. Eine wüste Invasion unseres Privatlebens und das der Menschen unserer unmittelbaren Umgebung.

Ich kann mir schon vorstellen, wie diese Legende entstanden ist. Mein Vater Luigi produziert nicht nur Wein, durch seine Beteiligung an Elg Steel hat er auch Verbindungen ins Stahlgeschäft. Bei Elg Steel wiederum ist auch mein Bruder beschäftigt. Da der Handel mit Metallen und deren Bearbeitung ein traditionelles Betätigungsfeld der Sinti ist, hat irgendjemand wohl zwei und zwei zusammengezählt und ist auf fünf gekommen. Und damit wurde diese unglaubliche Serie von absolut schwachsinnigen Zeitungsberichten ausgelöst.

Hätte ich diese »Berichte« lautstark dementiert, so hätte man dies unter Umständen als Diskriminierung einer ganzen Bevölkerungsgruppe auffassen können, was ich nicht wollte. Möglicherweise wäre ja mein Wunsch, die Dinge richtigzustellen, als rassistische Äußerung missdeutet worden. Dieses Risiko wollte ich nicht eingehen, weil ich persönlich Rassismus unerträglich finde. Ich bin kein Sinto, aber dies öffentlich klarzustellen hätte vielleicht Probleme mit sich gebracht, und zwar mehr für die Sinti als für mich. An diesem Punkt hätte ich ihren privaten Raum verletzt. Denn auf jeden Fall wäre die Journaille erneut losgestürmt, um die Welt zu porträtieren, von der Pirlo sprach. Ich kenne die Fallstricke des Umgangs mit den Medien und wollte sie gerade in diesem Fall vermeiden.

Die Menschen, die zu dieser Bevölkerungsgruppe gehören, sind Teil einer anderen Kultur. Sie sind ein anderes Volk, das nun mal so und nicht anders ist. Das heißt nicht, dass eine Lebensart besser oder schlechter ist als die andere. Wir sind alle Teil eines großen Puzzlespiels. Was ich damals nicht getan habe, möchte ich jetzt nachholen:

Meine Familie stammt aus der Lombardei und war immer dort ansässig. Ich komme aus Brescia. Ich bin Italiener und stamme nicht von einer Sinti-Familie ab. Und ich habe absolut gar nichts gegen Sinti. Alles andere wäre in meinen Augen bedenklich.

16

Wenn, dann bin ich ein ganz kleines bisschen Brasilianer. Pirlinho. Wenn ich Freistöße trete, denke ich auf Portugiesisch, nur jubeln, das mache ich dann wieder auf Italienisch. Ich trete sie *alla Pirlo*, Bälle mit einem speziellen Effet, die eine ganz eigene magische Bahn beschreiben, die mich immer wieder in ihren Bann zieht. Diese Freistöße tragen meinen Namen, als wären sie alle meine Kinder. Sie ähneln sich, sind aber dennoch keine Klone. Doch sie atmen diesen Hauch Südamerika. Was aber nicht weiter verwunderlich ist, denn ihr Vorbild stammt ja von dort: der Mittelfeldspieler Antônio Augusto Ribeiro Reis junior, als Juninho Pernambucano eingegangen in die Annalen des Fußballs. Er spielte für Olympique Lyon, und all seine Freistöße besaßen diese einzigartige, charakteristische Flugbahn. Er legte sich den Ball zurecht, verdrehte seinen Körper auf seltsame Weise, nahm Anlauf und ... schoss ein Tor. Er hat nicht einmal danebengeschossen. Ich habe seine Statistik studiert, da wurde mir klar, dass das kein Zufall sein konnte. Er war wie ein Dirigent, den man falsch zusammengesetzt hatte. Sein Dirigentenstab waren die Füße. Wo andere den Daumen recken, um Okay zu signalisieren, nahm er vermutlich den großen Zeh.

Irgendjemand bei Ikea muss zu Scherzen aufgelegt gewesen sein, als man dieses Modell gebaut hat.

Ich habe diesen Spieler studiert, habe mir CDs gekauft, DVDs, sogar alte Fotografien von seinen Spielen. Und irgendwann habe ich es kapiert. Obwohl es mir nicht gleich aufgefallen ist. Ich habe schon ein wenig Geduld und Durchhaltevermögen gebraucht. Er hatte eine spezielle Methode, den Ball zu treten, so viel war klar. Das war klar zu sehen, nur worin diese Methode bestand, begriff ich nicht. Also ging ich auf den Platz und versuchte einfach, ihn zu imitieren. Anfangs ohne jeden Erfolg. Die ersten Male ging der Ball immer gut zwei Meter über die Latte. Oder drei Meter über den Himmel, wie der Titel eines spanischen Films lautete. Oder er flog über den Zaun in Milanello, und ich musste den Fans irgendwelche Geschichtchen erzählen: »Kinder, der ist für euch. Kleines Geschenk von mir.« Womit ich wissentlich über die Direktive des Vereins hinwegging, dass unsere Trainings eigentlich nicht öffentlich waren und folglich auch niemand hinter dem Zaun hätte stehen dürfen. Aber andererseits, wenn man Leuten, die ohnehin etwas tun, was sie nicht tun dürfen, etwas vorflunkert, ist das wohl eine lässliche Sünde, oder? Jedenfalls stand ich nach drei solchen Tagen in Folge auf Kriegsfuß mit unserem Zeugwart, weil ihm langsam die Bälle ausgingen. Meine Experimente setzten sich noch über Wochen fort. Da die besten Ideen im Zustand höchster Konzentration eintreten und die Zustände höchster Konzentration, wie das Beispiel Pippo Inzaghi lehrt, wiederum oft eintreten, wenn man sich entleert, kam auch mir die Erleuchtung im Badezimmer. Das klingt vielleicht wenig inspirierend, aber genau so ist es passiert. Die Suche nach dem Schlüssel zu Juninhos Geheimnis war ja zur Besessenheit geworden. Ich zermarterte mir das Hirn damit, und dann brachen im Augenblick höchster Anspannung plötzlich alle Dämme. Das Kunststück, das ich zu vollbringen suchte, hatte nichts damit zu tun, wo man den Ball traf, sondern *wie*. Juninho trat ihn nicht mit dem ganzen Fuß, sondern nur mit drei Zehen. Am Tag danach brach ich schon früh von zu Hause auf. Ich ließ sogar die klassische Playstation-Sitzung mit Nesta ausfallen und fing sofort an zu üben. Mit Straßenschuhen. Wenn die Theorie stimmt, dann brauchst du keine Fußballschuhe mit Stollen. Der Herr über die Bälle war schon da.

»Gibst du mir mal einen Ball?«

»Ach, verpiss dich doch«, zischte er fast unhörbar.

»Wie bitte?«

»Ich suche noch etwas ...«

»Aha. Los, du Esel, schieb mir einen Ball rüber.«

Was er nur widerstrebend tat, denn im Geiste sah er sich den Ball schon wieder im Wald suchen. Stattdessen aber trat ich ihn genau in die obere Ecke zwischen Pfosten und Latte. Eine perfekte geometrische Bahn. Das wäre auch ein Tor gewesen, wenn jemand im Tor gestanden hätte. Was im Moment nicht der Fall war.

»Schaffst du das noch mal?« Das war natürlich eine glatte Provokation. Jetzt hieß es zwei gegen einen: ich da, der Zeugwart und Juninho dort.

»Natürlich, du Spielverderber. Schau zu und weine!«

Und ich trat einen Freistoß, der ganz genauso war wie der erste. Lupenrein, stilistisch untadelig. Fünf weitere Versuche, fünf weitere Treffer. Ganz offiziell: Ich hatte es geschafft. Das Geheimnis war keines mehr. Der Ball wurde von unten getreten, und zwar nur mit den ersten drei Zehen. Der Fuß wird so gerade gehalten wie möglich und dann ein kurzer, trockener Tritt. Auf diese Weise dreht der Ball sich nicht in der Luft, sondern steigt auf, um sich dann direkt und schnell ins Tor zu senken. Erst da bekommt er den nötigen Spin. So hatte ich meine *maledetta* erfunden, wie man diesen Freistoß später nennen würde. Wenn er so gelingt, wie ich mir das vorstelle, nützt keine wie auch immer geartete Mauer etwas. Dieser Freistoß ist dazu da, über die gegnerischen Spieler zu gehen, die ihr Tor decken. Und die Richtung, die der Ball danach nimmt, ist nicht vorhersehbar. Für mich ist das immer das höchste der Gefühle: Wenn ich den Ball ins Netz gehen sehe, nachdem er wenige Zentimeter über die Köpfe der Verteidiger hinweggepfiffen ist, sodass sie ihn fast noch erwischt hätten, aber eben nur fast. Sie können die Aufschrift lesen, ihn aber nicht aufhalten. Eine Prise Sadismus würzt mitunter das Aroma des Sieges. Je weiter entfernt ich vom Tor stehe, desto besser funktioniert diese Methode übrigens. Die Distanz ist direkt proportional zum Effet, den ich dem Ball geben kann. Je größer die Entfernung zum Tor, desto höher die Geschwindigkeit, mit der der Ball sich ins Tor senkt. Natürlich gibt es zu dieser Methode Varianten, die jeden Freistoß einzigartig machen, doch am Grundprinzip ändert sich nichts. Und ein Tor, das ich auf diese Weise erziele, verschafft mir eine tiefe innere Befriedigung, denn ich weiß, dass viele junge Spieler in mir ein Vorbild sehen. Ich bin ihr Juninho Pernambuco 2.0, ein Brasilianer mit dem Akzent von Brescia.

Ich habe das bis jetzt noch keinem erzählt, aber mein Ziel ist es, der Spieler zu werden, der die meisten Freistoßtore in der Serie A erzielt, der ersten italienischen Liga. Statistiken und Fußballjahrbücher fallen seit jeher unter meine Sammeltätigkeit, seit einigen Jahren arbeite ich an der besten Freistoßbilanz. Schon als Kind habe ich am liebsten Freistöße geübt. Damals schob ich unser Sofa vors Fenster und übte mit einem Schaumstoffball, der neun von zehn Malen zwischen Glas und Sofarückwand landete, also genau dort, wo ich ihn hinhaben wollte. Ich kaufte mir regelmäßig die *Gazzetta dello Sport*, das klassische rosafarbene Fußballblatt Italiens, nur wegen der Videokassetten, die damals als Beilage über den Ladentisch gingen. Eine dieser Kassetten enthielt eine Sammlung der besten Freistöße von den besten Zehnern der Geschichte. Ich drückte auf den Knopf und los ging es mit Baggio, Zico, Platini. Ach, es geht doch nichts über die Fernbedienung: Du drückst eine Taste und lässt der Fantasie freien Lauf, der größten Kraft nach der inneren Harmonie.

Der so häufig bemühte Satz, wonach nur die Erfolge der Mannschaft zählen, nicht die Leistung eines Einzelnen, ist nichts als ein kläglicher Hymnus, wie ihn nur Leute anstimmen können, die keine persönlichen Ziele verfolgen – sei es aus Mangel an Klasse oder an Charakter. Natürlich hat das Team auch für mich große Bedeutung, doch hätte ich nicht meine persönliche Bestleistung im Blick, würde ich damit auch meinen Kameraden etwas wegnehmen. Eine Mannschaft setzt sich aus den einzelnen Spielern zusammen, aus den Träumen jedes Einzelnen erwächst am Ende der Triumph aller. Und wenn dazu noch ein Quäntchen Glück kommt, schreiben sie sogar Fußballgeschichte. Auch wenn es meine persönliche Leidenschaft ist, ständig an meinen Fähigkeiten zu arbeiten und sie zu verbessern, habe ich nie Verträge abgeschlossen, welche Boni für Freistoßtore beinhaltet hätten. Das hätte ich nicht angemessen gefunden. Aber vermutlich hätte ich damit einen schönen Batzen Geld verdienen können. Doch selbst wenn ich solche Boni hätte aushandeln können, war mir daran nie gelegen. Das ist eher so ein Stürmerding. Die erhalten nämlich Boni, sobald sie eine bestimmte Trefferquote überschreiten, und das lässt sie manchmal ziemlich egoistisch werden. Und diese Haltung wird durch harte Zahlen noch gefördert. Es wäre ja auch komisch, wenn dem nicht so wäre. Aber ich komme ganz gut mit den Goalgettern zurecht, auch wenn sie gelegentlich Allüren zeigen. Meistens bewundere ich sie sogar.

***

Womit ich mich allerdings bei meiner Arbeit nie werde anfreunden können, ist das Aufwärmen vor dem Spiel. Das hasse ich aus tiefster Seele. Es nervt mich einfach. Das Ganze ist nicht mehr als die Masturbation von Konditionstrainern, ihre Art, sich auf unsere Kosten zu amüsieren.

Möglicherweise ist es ja nützlich, um das Verletzungsrisiko zu verringern, aber für einen Fußballer sind das trotzdem die schlimmsten

Momente der Woche, eine Viertelstunde Quälerei. Fünfzehn Minuten reiner Zeitverschwendung, in denen ich gewöhnlich mit meinen Gedanken ganz woanders bin. Ich glänze dabei nicht gerade mit Begeisterung, meist mache ich nur ein paar Schritte als kleinen Protest gegen diesen fürchterlichen Unsinn. Wenn du auswärts spielst, rufen dir beim Aufwärmen die gegnerischen Fans allerlei Schmähungen zu. Ich habe absolut keine Lust zu joggen, um meine Muskeln aufzuwärmen. Worauf es ankommt, das ist schließlich das Herz. Und das glüht bei mir sowieso. Es brennt nur so vor positiver Energie. Ich habe dieses Problem schon mit mehreren meiner Trainer besprochen. Leider konnte ich keinen für meinen Standpunkt gewinnen. Sie haben mich vielmehr angesehen, als käme ich vom Mars. Vor allem als ich ihnen vorgeschlagen habe, doch auch vor dem Training aufs Aufwärmen zu verzichten. Ginge es nach mir, würde ich sofort auf den Platz hinauslaufen und spielen, ob werktags oder am Wochenende. In der Meisterschaft, im Pokal, in der Champions League. Auch bei der Weltmeisterschaft, die ich gewonnen habe, obwohl ich in den 900 Sekunden, die den Spielen gegen Ghana, die Vereinigten Staaten, Tschechien, Australien, die Ukraine, Deutschland und Frankreich vorangingen, nur mein übliches Märschlein gemacht habe. Das blödsinnige Aufwärmen vor dem Spiel macht mich regelmäßig trübsinnig, daher muss ich etwas tun, was mich wieder aufheitert. Ich zähle die Minuten immer hübsch nach unten und sage mir dabei vor, dass die Tortur ja bald vorbei ist. Möglicherweise leide ich diesbezüglich ja an einer Phobie. Doch persönlich empfinde ich das Aufwärmen als Angriff auf die Schönheit. Läge das israelische Model Bar Refaeli nackt in aller Pracht vor dir, würdest du ihr ja auch nicht zuzwinkern und sagen: »Bleib mal eben liegen, ich bin in einer Viertelstunde wieder da.« In diesen fünfzehn Minuten würdest du doch auch nur an sie denken. Und an niemand anderen. Du hältst den Atem an, wartest nur noch auf diesen einen Moment, bis du endlich die Arme um sie legen kannst. So ähnlich ist es, wenn Real Madrid auf dich wartet oder Barcelona oder irgendeine andere weltbekannte Mannschaft. Du willst zur Sache kommen, jetzt sofort, ohne irgendwelches Vorgeplänkel. Du verschlingst sie mit den Augen, fängst an zu sabbern, wirst stinksauer. Dein Kopf ist nur noch mit dem beschäftigt, was du jetzt gerne tun würdest, und du wirst immer zorniger.

Weil du merkst, dass du nur Zeit vergeudest.

17

Alessandro versteht das. Nur auf dem Gesicht von Alessandro Del Piero habe ich je einen Ausdruck wahrgenommen, der dem meinen beim Aufwärmen ähnelt. Sein letztes Jahr bei Juventus habe ich als sportlichen Todeskampf erlebt, als angekündigten Tod einer innigen Liebe, die zum Erlöschen bestimmt war, Sekunde um Sekunde, weil sie einseitig und sinnlos wurde.

Er spielte nicht und litt darunter. Es fraß ihn innerlich auf, und das merkte man auch als Außenstehender. Am liebsten hätte er wohl die ganze Welt samt lebendem und totem Inventar kurz und klein gehauen. An seiner Miene war deutlich abzulesen, was in ihm vorging. Er versuchte zwar, seine wahren Gefühle zu verbergen, aber meist mit wenig Erfolg, denn entweder ist man Fußballer oder Schauspieler. Dazwischen gibt es nichts. Und seine Schauspielkunst war mies. Doch sein Talent ist einzigartig und so auch sein Beispiel. Seine Kunst ist grenzenlos. Als wären Turin und Australien, wo er später spielen sollte, nur einen Lidschlag voneinander entfernt und nicht 24 Flugstunden.

Auf der Bank litt er: Nicht an den Ball zu dürfen musste er als Strafe erleben. Eine ganze Saison, in der er ohne Abendessen zu Bett ging und ohne sein geliebtes Trikot mit der Nr. 10. Stattdessen gab man ihm eine Art Pyjama mit schwarz-weißen Streifen, ohne seinen Namen auf dem Rücken. Das war schlicht ein Sträflingsgewand. Er wurde nicht hingerichtet, nur ins Exil geschickt. Ende der Strafe: nie.

Und doch hat er sich vor den anderen nicht einmal beklagt, sondern alles mit Würde getragen. Unter der Woche sah man ihn nur selten in der Umkleidekabine. Anders als wir hatte er keinen Konditionstrainer, sondern einen Personal Trainer, der sich um seine körperliche Fitness kümmerte. Ein vollkommener Motor verdient besondere Wartung. Er kam immer vor den anderen an, zog sich um und zog sich dann in eine kleine Halle im Trainingscenter von Vinovo zurück, wenige Meter entfernt von der großen, in der seine Kameraden, mich eingeschlossen, trainierten. Er schloss sich uns erst an, wenn die Bälle ausgegeben wurden und wir an der Taktik arbeiteten. Doch wenn man ihn brauchte, war er da, und seine Präsenz war deutlich zu spüren. Wir fühlten uns nicht wohl bei der Vorstellung, dass ein so großer Fußballer auf diese Weise abtreten sollte, vor allem jetzt, wo die Mannschaft wieder angefangen hatte zu gewinnen. *Seine* Mannschaft. Obwohl wir wussten, dass es so enden musste, waren wir davon nicht begeistert. Wir sprechen hier ja von einer historischen Ikone des Vereins – zu der ihn seine Fußballkunst gemacht hat und nicht sein Alter.

Ich habe nie ganz verstanden, was sich zwischen ihm und Präsident Agnelli abgespielt hat, welcher innere Mechanismus da ausgefallen ist, welcher heimtückische Virus das System lahmgelegt hat. Und ich hätte mir nie erlaubt zu fragen. Ich hege für beide tiefsten Respekt, und wenn die gemeinsame Geschichte an ein Ende kommt, dann wird es dafür Gründe geben. Das ist Privatsache und geht nur diese beiden etwas an. Sicher lagen dem Zerwürfnis Differenzen bezüglich der Vertragsverlängerung zugrunde, zu der es am Ende gar nicht kam. Das ist sehr schade, denn Del Piero hätte Juve gutgetan. Einer wie er ist immer nützlich. Einen tüchtigen Menschen hat man immer gerne an seiner Seite, einen hochbegabten Profi ebenfalls: Und Alessandro war beides.

Kein Wunder, dass er eine Weltklassekarriere hinlegte. Die wenigen Male, in denen ich mit ihm auf dem Platz stand, bot er eine Edelvorstellung vom Feinsten. Spielerische Eleganz auf höchstem Niveau, gepaart mit Effizienz. Ein Blick und man wusste Bescheid. Obwohl er schon um die vierzig war, wurde er auf dem Platz zum Kind. Und da er Kind war, weinte er auch. Ohne sich zurückzuhalten, vor aller Augen. Bei seinem vorletzten Spiel im Juventus-Stadion gegen Atalanta brach alles, was er so lange erfolgreich verborgen hatte, aus ihm heraus. Sein verletztes Ego, der Wunsch zu bleiben, das Bedürfnis, sich als Bianconero zu fühlen. In der Umkleidekabine verursachte er fast eine Überschwemmung, so heftig flossen seine Tränen. Und wir weinten mit. So haben wir ihm die Ehre erwiesen, bevor er nach Sydney ging. Er hat das andere Ende der Welt gewählt, um wieder spielen zu können, um weiterspielen zu können. Und eigentlich hatte er gar keine andere Wahl. In Italien, in Europa und in jedem anderen geografisch zu nahen Land hätte er nur Heimweh gehabt. Juventus übt auf ihn eine fast körperliche Anziehungskraft aus. Wie ein Magnet auf einen anderen Magneten.

***

Aufgrund meiner geradezu krankhaften Liebe zum Nationaltrikot nennt man mich den Spieler aller Menschen, und es kommt vor, dass ich auch in »gegnerischen« Stadien Applaus einheimse. Bei Del Piero ist dies noch mal anders. Auch er wird von den Fans aller Mannschaften auf einen Sockel gehoben. Das liegt aber einzig daran, dass er im Laufe seiner Karriere als Aktiver nie den Verein gewechselt hat. Man zollte ihm Respekt, weil er sich offensichtlich einer Sache verschrieben hatte und dieser treu blieb. Er war anders als ein gewöhnlicher Fußballspieler und gehörte trotzdem zu den Besten, die es je gab.

Das ist das eigentliche Wunder, diese überschwängliche Zustimmung in einer historisch besonderen Zeit, da Juventus wieder auf der Siegerstraße ist, also zunächst einmal allenthalben auf Antipathien stößt. Das Problem ist doch, dass sportliche Rivalität nur allzu häufig in einen primitiven Hass mündet, einer unglaublichen Ignoranz, die jeder Art von unzivilisiertem Verhalten Tür und Tor öffnet. Im Ausland ist es immer ein Fest, wenn man als gegnerische Mannschaft im eigenen Bus zum Stadion kommt. Man schreitet durch die Reihen der Fans, die Kinder jubeln, alle sind begeistert und auch wir müssen uns nicht hinter abgedunkelten Scheiben verstecken. In Italien hingegen sind Auswärtsspiele ein Albtraum. Die Fahrt vom Hotel zum Stadion wird zum kriegerischen Akt. Ich habe die Eskorten so satt, die Polizeiautos, die Sirenen, das Blaulicht. Die Polizei hätte wirklich wichtigere Aufgaben, um die sie sich kümmern muss. Doch die Polizisten müssen uns schützen. Ein Staatsanwalt, der gegen die Mafia kämpft, hat eine Eskorte verdient, eine Fußballmannschaft sollte ohne auskommen. In einer idealen Welt. In der Serie A ist das nicht der Fall. Wir hinken hinterher und merken eines nicht: Je länger der Absturz dauert, umso enger und tiefer wird das Loch, aus dem es hinterher herauszuklettern gilt. Rauchbomben, Tränengas, Stöcke, Steine, Feuerwerkskörper, Teller ... man hat uns schon alles Mögliche an den Kopf geschleudert.

Den Tiefpunkt habe ich in meinem zweiten Jahr bei Juventus erlebt. Da hatte ich wirklich Angst, dass die Dinge gründlich aus dem Ruder laufen könnten. Denn bis dahin hatte ich ein solches Inferno noch nicht erlebt. In Neapel warteten bereits Hunderte Menschen vor dem Hotel auf uns. Kaum stiegen wir in den Mannschaftsbus, schrien sie uns Beleidigungen entgegen. (Okay.) Sie bewarfen uns mit Eiern. (Auch das mag noch gehen.) Dann aber eskalierte die Situation. Je näher wir dem Stadio San Paolo kamen, desto dichter wurde der Hagel von Wurfgeschossen, der auf uns niederging. Wir waren Zielscheiben in einem perversen Spiel: Setz den Juventino außer Gefecht. Einige von uns legten sich im Mittelgang des Busses auf den Boden, nachdem ein Ziegelstein die Scheibe traf, genau dort, wo Kwadwo Asamoah saß, einer unserer farbigen Spieler. Glücklicherweise fielen die Splitter des zerberstenden Glases nach außen, sonst wäre die Tragödie perfekt gewesen. Unter uns herrschte eine gespenstische Stille. In diesem Moment wurde uns bewusst, dass unsere Reise nicht gratis war. Würden wir sie eines Tages mit dem Leben bezahlen müssen? Diese Frage raubt mir noch heute mitunter den Schlaf.

Wer sagt uns denn, dass nicht irgendwann statt Ziegelsteinen Kugeln fliegen? Wie kontrolliert man tausende Ausgerasteter am Straßenrand, die kein anderes Ziel zu haben scheinen, als uns nach Möglichkeit zu verletzen? Wer garantiert, dass unter all den Durchgeknallten nicht einer ist, der noch durchgeknallter ist als die anderen? Wenn wir Turin verlassen, werden wir von Bodyguards begleitet. Auch Mitglieder der Antiterroreinheit der Staatspolizei sind ständig präsent. Aber genügt das? Natürlich sind dies schlimme Gedanken, doch wenn ich behauptete, sie würden mich nie beschleichen, dann wäre das gelogen. Außerdem ist es gut, dieses Thema auch einmal ansprechen zu können. Es ist nur folgerichtig, dass die Menschen wissen, welcher Müll am Rand unserer Welt lagert. Und das gilt für den Norden ebenso wie den Süden oder die Mitte des Landes. Wer hier meint, regionale Unterschiede wahrnehmen zu können, täuscht sich gewaltig.

Während der Spiele hingegen wird Juventus wohl als eine Art Panzerknackerbande gesehen, die die Beute noch in einem Sack auf dem Rücken mit sich trägt. Man schimpft uns Diebe in Anspielung auf den Korruptionsskandal. Damals wurde der Verein in die Serie B, die zweite Liga, strafversetzt, eine harte Strafe. Auf welche der Verein mit einer glänzenden Rehabilitierung antwortete, denn man schaffte sofort den Wiederaufstieg mit einer beispiellosen Serie von Siegen. Doch scheint diese Tatsache einem kollektiven Gedächtnisschwund zum Opfer gefallen zu sein. Es ist einfach bequemer so. Aber im italienischen Fußball heißt die oberste Regel nun mal: Schütte Unrat über deinen Gegner aus. Wenn dann noch Zeit ist, feuere dein Team an.

Von den Städten einmal abgesehen, in denen man sich noch erinnert, dass ich ein wichtiger Mittelfeldspieler der Nationalmannschaft bin, betitelt man mich je nach Region als Stück Scheiße oder als Hurensohn. Wenn mich ein Gegner umsäbelt, dann heißt es: »Geh sterben.« Aber Vorsicht: Das Grab steht weit offen. Das Gewaltrisiko wird immer höher. Es braucht nicht mehr viel, damit eine Grenze unwiderruflich überschritten wird. Und vielfach wird dies einfach übersehen.

Nahezu alle italienischen Stadien werden von den Ultras als rechtsfreier Raum betrachtet, in dem sie tun oder lassen können, wozu sie gerade Lust haben. Wenn ich auf der Straße einen Mann als Wichser bezeichne, wird er mich zumindest anzeigen. Im Stadion aber machen das Tausende von Menschen, ohne dass dies irgendwelche Konsequenzen hätte.

Hier fehlt es an sportlicher Kultur. Daran aber kann man arbeiten, auch wenn dies Zeit erfordert. Von Klubseite aus zum Beispiel, indem man auf seinen sprachlichen Gestus achtet und bestimmte Ausdrücke vermeidet. Aber das Gesetz bietet hier noch nicht genügend Handhabe zum Eingreifen. Wichtig wäre außerdem, dass die Stadien den Klubs auch gehören. Das Stadion von Juventus beispielsweise ist hier ein echtes Juwel. (In der Meisterschaft bringt es uns meiner Ansicht nach gut zehn Punkte pro Saison, weil das Klima dort durchweg positiv ist.) Jeder Sitz trägt den Namen des Abonnenten. Es gibt Ordner und außerdem werden die Plätze von Videokameras überwacht. Wenn du hier etwas anstellst, wissen die Ordnungskräfte sofort Bescheid und können einschreiten.

Ideal wäre natürlich, dass die Menschen so viel gute Kinderstube mitbekommen haben, dass sie es nicht nötig haben, auf andere loszugehen. Doch im Einzelfall mag es auch genügen, dass sie sich aus Angst zivilisiert benehmen, weil sie nicht im Rachen des Wolfes landen wollen. Das wäre ja schon mal ein Anfang. Wäre ich Politiker – was ich glücklicherweise nicht bin –, würde ich mich dafür einsetzen, dass es Zellen im Stadion gibt wie in England. Jemanden festnehmen und kurzfristig einsperren, statt ihn zu verprügeln und wieder laufen zu lassen. Das wäre mein Vorschlag für den Umgang mit all jenen, die meinen, in den Fankurven die Sau rauslassen zu müssen.

Und sobald sie in der Zelle sitzen, würde ich die Fenster ganz weit aufreißen. Denn etwas frische Luft in diesen Köpfen wäre wirklich dringend nötig.

18

Wir brauchen Mario Balotelli. Ich glaube nicht, dass er selbst das weiß, aber er ist genau die richtige Medizin. Das Antidot schlechthin gegen ein tödliches Gift, das in letzter Zeit die italienischen Stadien befällt: der Rassismus. Rassisten sind schreckliche Menschen, eine Bande Frustrierter, die aus der Geschichte nur das Schlimmste gelernt haben. Und sie sind keine Minderheit, ganz im Gegensatz zu dem, was so mancher Vereinspressesprecher uns glauben machen möchte, Leute, die einen Flächenbrand mit einem entzündeten Streichholz vergleichen.

Wenn ich zusammen mit Mario in der Nationalelf spiele, lächele ich ihm immer zu. So möchte ich ihm signalisieren, dass ich auf seiner Seite bin, dass er nicht nachgeben darf. Ein gelächeltes Dankeschön. Die Fans der gegnerischen Mannschaft picken sich oft Mario heraus und überschütten ihn mit Schimpfwörtern. Ich würde es mal so sehen: Mit dem, was er so sagt und tut, macht er sich nicht immer Freunde. Aber ich bin überzeugt: Hätte er weiße Haut, würden sie nicht derart auf ihn losgehen. Jedenfalls nicht so heftig, wie sie es heute tun.

»Spring ganz hoch, mach Balotelli tot« ist einer dieser Sprüche, die ich leider auch schon im Juve-Stadion vernommen habe. Schlimmer noch ist das ewige »Buuuh«, das erklingt, wenn er an den Ball kommt. Aber Mario reagiert nicht mit Depressionen. Er zieht sogar Energie daraus. Er lässt sich von diesem menschlichen Müll nicht kleinmachen. Und das ist eine hochintelligente Reaktion, denn wenn du auf einen Idioten reagierst, stellst du dich auf eine Stufe mit ihm. Ignorierst du ihn aber (ohne freilich seine bedauerliche Existenz zu leugnen), dann lässt du ihn in seinem eigenen schmutzigen Saft schmoren, in einem Meer ohne Freunde und ohne erkennbares Ufer. Die gute Nachricht ist: Auf Dauer sterben auch Haie an Einsamkeit. Prandelli hat uns in der Nationalmannschaft einen guten Rat gegeben: »Wenn ihr hört, dass Leute auf der Tribüne Mario beschimpfen, lauft zu ihm rüber und umarmt ihn.« Der Hass wird durch eine angemessene Dosis Zuneigung annulliert. Man tut einfach das Gegenteil. Eine sehr sinnvolle Idee.

Rein theoretisch betrachtet, würde ich niemals zum Protest den Platz verlassen, wie Kevin-Prince Boateng dies bei einem Freundschaftsspiel tat (wobei er vom gesamten Milan-Team begleitet wurde). Das ist nicht unbedingt der beste Weg, um den Rassismus zu bekämpfen. Für mich ist das eher ein Aufgeben als ein Kampf. Wenn aber einer meiner Teamkameraden auf diese Weise der Intoleranz begegnen wollte, würde ich mich ihm und dem Rest des Teams natürlich anschließen. In meinen Augen obliegt die Entscheidung dem Beleidigten. Ich würde die Partie ebenfalls abbrechen, wenn die gesamte Mannschaft dafür wäre. Diese Situationen entscheidet man letztlich immer im Moment, in dem sie geschehen. Hinterher kann man alles Mögliche darüber schreiben. Aber im Voraus planen lässt sich so etwas nicht.

Ich freue mich, dass Mario einen so starken Charakter hat. Er reagiert zwar (wenn auch manchmal falsch) auf Beleidigungen auf dem Feld, doch er gibt denen in der Kurve nicht nach. Wenn er ein Tor schießt, tippt er sich manchmal mit dem Zeigefinger gegen die Lippen, um seine Gegner zu verhöhnen. Das macht sie auch wirklich wütend. Doch wenn sie ihm entgegenschreien, dass er die falsche Hautfarbe hat, lacht er ihnen nur ins Gesicht. Er nimmt sie auf die Schippe und geht aus diesem Match als strahlender Sieger hervor. Er kann zum Symbol des Kampfes gegen den Rassismus im Fußball werden, in Italien und auf der ganzen Welt.

Als Fußballspieler hat er Klasse, das ist unbestreitbar. Ich hätte ihn gerne im Juventus-Trikot gesehen. Ein Spitzenspieler hat einen Vorteil: Er kann sich seine Mannschaft aussuchen. Das Problem ist nur, dass Mario immer nur eine im Kopf hatte: »Früher oder später, Jungs, spiele ich bei Milan.« Wer ihn kennt, der kennt auch dieses Verslein, und es hat sich tatsächlich bewahrheitet. Ich hätte ihm zu gerne in Turin ein paar Vorlagen geliefert, wie ich es in der Nationalmannschaft tue. Daran geglaubt habe ich aber nur einmal, als er nämlich in einem Interview für Sky sagte: »Vielleicht überdenke ich ja meine Position zu einem Einsatz bei den Bianconeri noch mal.« Vielleicht ergibt sich in der Zukunft ja noch mal eine Chance, beim selben Verein zu spielen. Schließlich würde sein Berater, wie er selbst einmal erzählte, seinen eigenen Namen verkaufen, nur um einen Vertrag unter Dach und Fach zu bringen. So unterhielt er sich einmal mit Alessandro Alciato, dem Koautor dieses Buches:

»Mino, eines hätte ich doch gerne gewusst. Wie spricht man denn deinen Namen aus? Ráiola oder Raiòla?«

»Wie du willst. Hauptsache, du bezahlst mich.«

Ein Applaus für so viel Flexibilität.

***

Für Balotelli wäre Juventus eine Art Überdruckkammer geworden. Ein Ort, an dem er alles rauslassen kann, damit der Druck auf einem hohen, konstanten Niveau bleibt. Buffon, Chiellini, Marchisio: Wenn man sich umschaut, merkt man schnell, wo man da gelandet ist. Sie sind stets guter Laune und das reißt dich einfach mit. Es steckt an. Wenn es nötig ist, bringen sie dich auch mal auf andere Gedanken. Er wäre von seinen Kameraden, die harte Arbeit gewöhnt sind, so richtig aufgebaut worden. Hier ist Opferbereitschaft an der Tagesordnung. Hier sagt man nicht Nein, wenn einem alles abverlangt wird. Niemand beklagt sich je. Und es spielen hier zahlreiche Spieler aus der Nationalmannschaft, das ist ein unschätzbarer Vorteil. Sie kennen die Geschichte des Klubs, seine Siege, seine Niederlagen. Sie wissen, welche Spieler sich als wertvoll erweisen und auf welche man verzichten kann. Sie sind die Lokomotive, die diese Mannschaft antreibt.

Das war so bei Milan, bei Inter nicht, aber bei Juventus ist es wieder so. Da gibt es keinen Leitwolf. Am Ende funktioniert alles, weil die Spieler demokratisch entscheiden. Buffon könnte natürlich den Anspruch erheben: »Ich habe hier das Sagen. Ich bin Kapitän. Ich habe mit diesem Trikot sogar in der zweiten Liga gespielt.« Aber er würde das nie tun. Dazu ist er viel zu intelligent, zu stark, zu alles.

Meine Meinung zu diesem Thema wird vielleicht so manchen Fan gründlich empören, doch von einer Sache bin ich zutiefst überzeugt: Die jüngsten Erfolge kamen zustande, eben weil man uns am grünen Tisch in die zweite Liga geschickt hat. Das hat unseren Zusammenhalt enorm gestärkt. Die Rückkehr in die Serie A war hart erkämpft. Doch mit der Zeit hat sich die Wut über die Rückstufung in etwas Positives verwandelt. Heute ist da kein Platz mehr für Scham: Zu Juventus zu gehören heißt, Stolz und Würde zu besitzen. Bis zum bitteren Ende, wie es Präsident Agnelli, nein, Andrea sagen würde. Als das Umfeld von negativen Energien gereinigt war, hat die Explosion etwas völlig Neues entstehen lassen. Das war der Big Bang der Bianconeri, bei dem eine völlig neue Welt erschaffen wurde. Eine Welt, die der alten immer noch ähnlich ist. Und das ist eben die gute Nachricht: Juventus entstand aus sich selbst heraus.

Heute jagen wir unseren Gegnern wieder Angst ein. Und mehr als zuvor. Daran erinnern uns viele Menschen, aber im Besonderen Antonio Conte, der die Zeitungsartikel, in denen unsere Gegenspieler über uns redeten, an die Wand der Umkleidekabine hängte. Interviews und Kommentare, die er mit geradezu akribischer Manie ausschnitt und mit Tesafilm am Eingang dieses so geheimen Raumes befestigte. Was uns keinesfalls entgehen sollte, hatte er dabei mit Rotstift angestrichen. Bei Milan haben sie einen »Arbeiterpräsidenten«, wie Silvio Berlusconi selbst sich nennt, nun, unser Trainer war »Nachrichtenverteiler«. Einmal pro Woche gab es in der Juventus-Kabine diese Presseschau. Die Botschaft war klar: Wenn es gegen Juventus geht, ist alles anders. Plötzlich sind alle besser, sogar die völlig Verzweifelten am Ende der Tabelle, die nichts mehr zu verlieren haben. Sie versuchen, uns Schuldgefühle einzureden. Das ist natürlich die reinste Provokation.

»Jungs, habt ihr gesehen, was der da sagt? Wir hätten Schwachstellen.«

»Das ist Quatsch, Trainer.«

»Das mag Quatsch sein, aber natürlich müssen wir dem Mann auf dem Platz beweisen, dass er unrecht hat. Und der da? Er würde beschwören, sagt er, dass für uns bald der Moment kommt, in dem wir einbrechen werden.«

»Noch mehr Quatsch, Trainer.«

»Wir werden ihm nicht auf den Leim gehen. Aber wir können ihm das nur auf eine Weise zeigen: Wir werden gewinnen. Und habt ihr die letzte Zeile gelesen, die ich rot umkringelt habe?«

»Ja, Trainer. Der Idiot meinte, wir seien die unsympathischste Mannschaft der Welt, und das wüssten schließlich alle.«

»Damit hat er allerdings recht. Wenn wir ihn auf dem Platz sehen, sollten wir uns bei ihm bedanken. Er hat uns ein echtes Kompliment gemacht. Das heißt, dass wir wieder da sind. Dass wir ihnen Angst machen. Dass wir dem Namen, den wir tragen, Ehre erweisen. Vergesst nicht: Nur Verlierer hält man für nett.«

»Trainer, da heißt es auch, du bist verrückt ...«

»Seht ihr. Auch der hat in all dem Schwachsinn, den er erzählt, doch ein Körnchen Wahrheit gefunden. Übrigens schuldet ihr mir 1,20 Euro.«

»Wieso das denn?«

»Für die Zeitung ...«

19

Matri bezahlte. Matri bezahlte immer, auch im übertragenen Sinne. Nesta ist nach Kanada ausgewandert, De Rossi sehe ich nur noch in der Nationalmannschaft. Ihn erwischte es immer, solange er noch bei Juventus spielte. Denn mein Zimmerkamerad war immer mein liebstes Opfer, das ist ein ungeschriebenes Gesetz. Manchmal war das, als würde man das Rote Kreuz bombardieren. Auch wenn Matri vermutlich lieber hätte, dass ich ein echtes Krankenhaus bombardiere. Er ist ein Hypochonder. Er glaubt, er habe alle Krankheiten dieser Welt, dabei ist er durch und durch gesund. Manchmal hielt er sich gar für einen Juventus-Spieler.

Er nieste: »Ich wusste es. Jetzt habe ich Lungenentzündung.«

Er bekam einen Pickel: »Das ist eine allergische Reaktion auf das Mittagessen! Ich wusste ja, da ist was drin. Hilfe, ich sterbe! Hol einen Arzt!«

Die Nase juckte ihm: »Nein, jetzt bekomme ich auch noch Herpes! Ich muss zum Arzt!«

Auf dem Platz stand er häufig allein vor dem Torwart und trat den Ball irgendwohin. Er traf noch nicht einmal das Tor. »Mamma mia, das liegt an meiner Bindehautentzündung.« Da musste ich dann einschreiten. Ich beruhigte ihn: »Du bist doch völlig gesund. Das Problem ist nur, dass du so eine Pfeife bist.« Er lachte, dann aber bekam er Zahnweh. Er hörte sofort auf zu lachen. Schon brannte ihm das Ohr.

Ich kenne ihn. Ich mag ihn. Also erfinde ich manchmal Sachen. »Ale, du blutest aus der Nase.«

»Das ist eine Epistaxis.«

»Eine was?«

»Eine Epistaxis, eine kleine Blutung.«

»Die Blutung hast du im Gehirn.«

»Du glaubst, ich habe eine Gehirnblutung?«

»Ich geb's auf.«

Schon beim geringsten Schmerz lässt er sich untersuchen. Wenn er glaubt, Fieber zu haben, misst er hundertmal seine Temperatur. Ich hatte schon den Verdacht, er habe sich ins Thermometer verliebt. Daher habe ich ihm eines Nachts einen Streich gespielt. Kaum war er eingeschlafen, habe ich ein Poster von Andrea Barzagli geholt, der ebenfalls bei Juventus spielt. Ich hängte es über Alessandros Bett auf und schoss mit dem Blackberry ein Foto von ihm, das ich dann an alle Freunde weiterleitete. Mit folgenden Worten: »So sieht wahre Liebe aus.« Das war natürlich erfunden, aber das sind seine Wehwehchen ja auch.

Wenn er im Badezimmer war und sich »frisch« machte mit all seinen Wässerchen und Lotionen, stürzte ich manchmal laut schreiend herein.

»Andrea, verdammt noch mal, da kriege ich ja einen Herzinfarkt.«

»Ah, es ist also mal wieder so weit.«

Matri ist ein ängstlicher Typ. Er fürchtet sich wirklich vor allem und jedem. Der Juventus-Arzt hasste ihn. Ich verehre ihn – genauso wie er Barzagli verehrt – denn er hat einen gewaltigen Vorteil auf dem Platz: Wenn er spielt und an den Ball kommt, dann fällt ein Tor. Bekommt er den Ball dann noch mal, fällt wieder ein Tor. Sein Verwandlungskoeffizient ist enorm. Manchmal habe ich das Gefühl, dass er als Spieler massiv unterschätzt wird. Wenn ich Präsident einer Mannschaft wäre, würde ich diesen Spieler ganz oben auf die Liste meiner Wunschkandidaten setzen. Er allein garantiert schon eine Milliarde Einnahmen pro Jahr. Hin und wieder sagte ich zu ihm: »Bei deinem Anblick bekommt jeder Verteidiger in der Liga Kopfschmerzen.«

»Kopfschmerzen?«

»Lass gut sein, das sagt man nur so.«

Am liebsten hätte ich mal irgendein boshaftes Video gedreht und es auf YouTube gestellt – das wäre über Nacht Kult geworden. Natürlich dürfte man es nur einmal ansehen, dann liefe der Selbstzerstörungsmechanismus an. Im Fußball stirbt Paganini schon, bevor er geboren ist. Und nicht wie im richtigen Leben, als er im Alter von sechs Jahren wieder von den Scheintoten erwachte. Der Ball lässt keine Wiederholungen zu. Die Aktionen der Spieler lassen sich nicht in Zeitlupe beurteilen, daher kommt es ja auch oft zu so gravierenden Fehlentscheidungen. Und die Unterstützung der Technik ist vom Reglement untersagt.

Man kritisiert die Schiedsrichter, aber im Grunde liegt es daran, dass diejenigen, die die Regeln machen, sich nicht nur alten Werten verpflichtet fühlen, sondern völlig idiotischen. Zeitlupe auf dem Platz – undenkbar! Denn diese Technik würde etwa 50 Prozent aller Fehlentscheidungen beseitigen und allen möglichen Polemiken das Wasser abgraben. Und damit wäre unser Leben (als Spieler) sehr viel ruhiger.

Zidane wurde im Finale der WM 2006 vom Platz gestellt, weil er Materazzi einen Kopfstoß verpasste. Jeder weiß, dass der Leiter des Spiels Horacio Elizondo diese Entscheidung traf, nachdem er seine Mitarbeiter konsultierte, die die Fernsehbilder gesehen hatten – obwohl sie sich davon eigentlich nicht hätten beeinflussen lassen dürfen. Zu unserem Glück waren die Herren keine Lippenleser.

Heute wäre eine solche äußere Hilfestellung eine grundlegende Unterstützung. Schiedsrichter sind keine Roboter. Schon die Wahrscheinlichkeitsrechnung sagt uns, dass sie das eine oder andere Mal falschliegen müssen. Ich habe nie kapiert, wie die Linienrichter es anstellen, den Ball in dem Moment zu sehen, in dem er gespielt wird, und im selben Moment erkennen, ob der annehmende Spieler im Abseits steht oder nicht. Nicht einmal ein Ungeheuer mit vier Augen würde das fertigbringen.

Dass man sich der Technik verweigert, lässt den Fußball auf Drittweltniveau verharren. Dabei würde es völlig ausreichen, den vierten Mann (hört sich an wie ein Geheimdienstagent, ist aber in Wirklichkeit nur ein weiterer Assistent des Schiedsrichters) mit einem kleinen Bildschirm auszustatten, um komplizierte Fragen in Echtzeit zu beantworten. Ist der Ball über die Torlinie gerollt oder nicht? Wurde das Foul im Strafraum begangen oder außerhalb? Ball im Abseits oder nicht? Der hamletsche Zweifel wäre innerhalb von fünf Sekunden beseitigt und in unumstößliche Gewissheit verwandelt. Der Schiedsrichter hätte immer noch genug Entscheidungen zu treffen, bei denen sein persönliches Urteilsvermögen ausschlaggebend ist. Zum Beispiel ob eine Aktion ein Foul darstellt oder nicht. Denn was das angeht, sind die Fernsehbilder meist keine echte Hilfe.

Ich wünsche mir einen modernen Fußball. Doch die Menschen, die an der Spitze der Entscheidungspyramide stehen, dort, wo die Gehirne rauchen und die dicken Brieftaschen zählen, verstecken sich hinter der Tradition, hinter dem Wunsch, bestimmte Regeln aus den Anfängen des Spiels bewahren zu wollen. Und vergessen dabei gerne, dass die Bälle früher ein Kilo wogen, dass wir mit spitzen Stollen spielten und ohne Kameras. Ich sage ja nicht, dass John Wayne jetzt einen Science-Fiction-Film drehen müsste, doch ohne Spezialeffekte hätte selbst Steven Spielberg so manches Problem, das vielleicht nicht einmal er würde lösen können.

Der nächste Schritt drängt sich eigentlich auf, wenn wir nur diese Denkschemata überwinden könnten, die mittlerweile kontraproduktiv sind und uns vor sämtlichen Veränderungen auf dem Platz die Augen verschließen lassen. Und nicht nur davor. Für die Salonlöwen des Fußballs wäre es an der Zeit aufzuwachen, ein Auge zu öffnen oder gelegentlich auch mal zwei. Sie begreifen einfach nicht, dass ihre veralteten Ansichten dem Schiedsrichteramt enorm schaden. Sie lassen den Schiedsrichter allein im Kreuzfeuer der Heckenschützen, denn was er im Bruchteil einer Sekunde nicht erkennen kann (weil er ein Mensch ist wie alle anderen), sehen Millionen von Zuschauern auf ihren Bildschirmen. Und denken unweigerlich: »Was macht denn der da für einen Scheiß! Ist der Typ ein Idiot, oder was?« Gerechterweise müssten sie denken wie folgt: »Armer Kerl, man zwingt ihn, noch wie im letzten Jahrhundert zu arbeiten!« Es gibt kein Schwarz-Weiß-Fernsehen mehr. Dabei wäre es schon ein gewaltiger Schritt nach vorne, wenn die Entscheidungsgewaltigen im Fußball zumindest die Existenz des Fernsehens anerkennen würden. Dann könnten zahllose Fußballfans endlich das eine Bild aus dem Handy löschen, das durch ganz Italien ging. Das nicht gegebene Tor von Sulley Muntari für Milan im Kampf um den Meistertitel 2011/12 gegen Juventus wäre in diesem Fall längst Geschichte.

Am Ende jedes Spiels – in der Serie A noch mehr als in der Champions League – reden die Trainer und Sportdirektoren häufig über die Leistung des Schiedsrichters. Über das, was nicht gut ging, über die Fehlentscheidungen, bei denen sie jeweils die Contenance verloren haben.

Da werden Stunden damit zugebracht, die strittigen Augenblicke des Spiels zu sezieren und die Schiedsrichterentscheidungen an irgendwelchen Idealen zu messen. Die Botschaft ist wie immer gnadenlos: Das Schiedsrichtergespann hat sich getäuscht, wieder einmal. Man kann sich auf die Schiedsrichter einfach nicht verlassen.

Dabei sollten die Menschen ehrlicher sein. Vielleicht hat ja der eine oder andere Spieler einen Pass vermasselt, der Trainer die Aufstellung, der Vereinspräsident die falschen Leute gekauft, der Fan die falschen Sprechchöre angestimmt und Matri zum falschen Mittel aus der Hausapotheke gegriffen. Den Blick nach außen richten ist immer einfach, nach innen hingegen ist es bedeutend schwieriger.

Eintauchen in die Zukunft – das kann nicht nur ein Slogan für das nächste Hallenbad sein. Vielmehr muss daraus eine neue Denkweise entstehen, der Wunsch nach Veränderung, nach Verbesserung. Bei anderen sportlichen Disziplinen ist der Einsatz der Technik längst Wirklichkeit, und sie haben sich dadurch auch nicht negativ verändert. Wenn Nadal bei den Australian Open aufschlägt, entscheidet der Headschiedsrichter, dass der Ball nicht im Aus ist, und gibt ihm dementsprechend Punkte, ihm so vielleicht zum Sieg verhelfend. Sagt das Hawk-Eye (ein elektronisches System auf dem Tennisplatz) aber, dass er sich geirrt hat, hat die Wahrheit gesiegt. Dann muss Nadal noch mal ran, das Spiel geht weiter, aber sein Gegner wird sich nicht beschweren. Der Schiedsrichter entschuldigt sich und die Fans vergessen das Ganze blitzschnell und richten ihr Augenmerk auf die nächsten Bälle. Kein Verlierer. Keine Polemiken.

Entweder fangen auch wir an, auf blauem Zement zu spielen, oder wir nutzen einfach die vorhandene Technologie. Einen anderen Weg gibt es nicht.

20

Ich vermag durchaus zu denken. Ich möchte nicht, dass jemand mich ansieht und fälschlicherweise glaubt: »Fußballer. Ein EEG würde keine große Aktivität im Gehirn zeigen.« Es gibt Spieler, die mehr oder auch weniger im Hirn haben. (Und glauben Sie mir, auch von letzterer Sorte kenne ich so einige.) Aber es gibt auch Landvermesser, Architekten, Professoren, Musiker, Journalisten (ja, auch davon kenne ich einige), Apotheker und Metzger mit dem IQ eines Pflastersteins. Ich für meinen Teil halte mich für durchschnittlich intelligent. Ich kann mir zu jedem Thema eine Meinung bilden und schäme mich nicht, diese offen zu vertreten. Ich kann sie auch verteidigen und, wenn mir das nützlich scheint, weiterverbreiten. Ich merke schnell, wenn jemand mich leimen will. Oder zumindest werde ich schnell argwöhnisch. Bisweilen allerdings erst auch später. Kann ich mich auf keine bewiesenen Fakten stützen, dann halte ich mich an mein Gefühl. Wie damals, 2004 in La Coruña.

Ich spielte damals für Milan und wir reisten nach Spanien, um das Rückspiel gegen Deportivo im Viertelfinale der Champions League zu bestreiten. Beim Hinspiel in San Siro hatten wir 4 : 1 gewonnen.

Die Wahrscheinlichkeit, nicht weiterzukommen, war ähnlich hoch wie die Rino Gattusos, plötzlich einen Ehrendoktortitel verliehen zu bekommen. Wir waren gedanklich schon im Halbfinale, als hätten wir den Bären bereits erlegt. Ein Spaziergang. Andere Möglichkeiten hatten wir erst gar nicht in Betracht gezogen: zum Beispiel, dass der Bär plötzlich wild werden und zur Gegenwehr ansetzen könnte. Oder dass die Spieler unserer Mannschaft plötzlich geistiger Umnachtung anheimfallen würden. Leider traten beide Eventualitäten zugleich ein. Das Undenkbare geschah. Wir haben vergessen zu spielen. Und die anderen haben uns 4 zu 0 besiegt. Sie haben uns vorgeführt.

Natürlich sind wir zu einem großen Teil selbst schuld. Doch wenn ich aus der Rückschau an jenen Abend denke, kommt mir doch einiges faul vor. Unsere Gegner rannten wie aufgezogen, auch die älteren Herren der Mannschaft. Die im Übrigen keineswegs im Ruf standen, über besonders viel Energie oder Ausdauer zu verfügen. Was mich seitdem am meisten beschäftigt hat, ist, dass sie auch in der Pause nicht aufhörten zu rennen. Ohne Ausnahme. Als Schiedsrichter Maier zur Halbzeit pfiff, schossen sie in die Kabine wie Usain Bolt. Nicht einmal in dieser Viertelstunde, die eigentlich als Atempause gedacht ist und nicht zum Weiterlaufen, ruhten sie sich aus. Wir jagten Schatten, unhaltbar wie der Blitz. Ich habe keinerlei Beweise, daher würde ich mich hüten, in irgendeiner Form öffentliche Anschuldigungen zu erheben. Doch irgendwie wurde ich über all die Jahre diesen Gedanken nicht los. Das erste und einzige Mal im Leben, dass ich das Gefühl hatte, jemand auf meinem Platz könnte gedopt sein. Möglicherweise habe ich die Wut über den Ausgang des Spiels noch nicht überwunden. Die Spieler von Deportivo rannten wie besessen auf ein Ziel zu, das nur sie erkennen konnten. (Wir hingegen waren blind und wurden dementsprechend niedergemetzelt.) Im Halbfinale trafen sie dann auf Porto und flogen raus. Und in kürzester Zeit waren sie aus allen wichtigen Wettbewerben verschwunden.

Wenn ich hingegen höre, dass man Barcelona des Dopings verdächtigt, kommt mir unweigerlich das Lachen. Barcelona ist ein Elitezirkel, der sein Geheimnis seit Jahrzehnten von Generation zu Generation vererbt: Um mit minimalem Aufwand zu gewinnen, muss man den Ball laufen lassen. Die Herren von Camp Nou laufen prima, aber man sieht sie nie Sprints über 70 oder 80 Meter machen. Fünfzehn sind schon das höchste der Gefühle. Sie richten den Blick immer nach vorn und achten darauf, ihre Kräfte nicht zu vergeuden.

Meiner Ansicht nach ist das Problem Doping im Fußball vernachlässigbar. Wir werden ständig überwacht, auch über längere Zeiträume. Die Spezialisten des italienischen Olympischen Komitees und der UEFA machen ständig unangemeldete Kontrollen bei uns. Und dabei wird nicht nur der Urin untersucht, sondern auch Blut abgenommen. Sie kommen zum Training, stellen sich höflich vor, wir müssen unser Training einstellen, und sie nehmen die nötigen Kontrollen vor. Sie führen uns in die Umkleidekabine, in die Halle oder ins Krankenzimmer. Dabei werden wir während und vor dem Test ständig von einem Mann eskortiert. Wir beklagen uns nicht, denn was uns angeht: Wir schätzen transparente Tests.

Es wäre also ziemlich dumm, verbotene Substanzen zu sich zu nehmen. Denn zum einen hätten wir dabei vermutlich ein schlechtes Gewissen, zum anderen ist die Wahrscheinlichkeit, entdeckt zu werden, doch eher hoch. Zu Beginn der Saison händigt der medizinische Stab des Vereins den Spielern eine Liste mit Arzneimitteln aus, die sie nicht verwenden dürfen. Ich rufe den Arzt sogar an, wenn ich eine Aspirin nehme. Die Gefahr, aus Unvorsichtigkeit etwas falsch zu machen, ist groß, daher bleibe ich immer wachsam. Diesbezüglich bin ich fast ein bisschen wie Matri. Doping ist eine Krankheit, die ich nie kriegen werde, und trotzdem habe ich Angst davor. Ich werde immer sauer, wenn ein Radsportler in einem Interview behauptet, Fußballer seien Primadonnen. Privilegiert, reich, stets im Scheinwerferlicht. Dabei vergisst er immer eines: Unser Sport ist sauber.

Was man über das Dopingverhalten der Radsportler liest, überrascht mich nicht. Wenn wieder mal einer der Ehemaligen gesteht, verbotene Substanzen verwendet zu haben, gibt das inzwischen nicht einmal mehr Schlagzeilen. Mittlerweile weiß man seit Jahren, dass dies im Radsport gängige Praxis war. Was für ein Trauerspiel. Und anscheinend gibt es kaum Ausnahmen. Natürlich ist es für einen normalen Menschen kaum zu schaffen, dreihundert Kilometer am Tag zu radeln, vielleicht mit einer Durchschnittsgeschwindigkeit von vierzig Stundenkilometern. Und vierundzwanzig Stunden später genau das Gleiche zu tun. Und achtundvierzig Stunden später wieder.

Tour de France, Giro d'Italia und die Vuelta in Spanien verlangen vom Sportler, mehrere Wochen lang in absoluter Topform zu sein. Bei diesen Bergfahrten würde sich so mancher Motor festfressen, aber die Radfahrer halten durch. Den Gebrauch von leistungssteigernden Substanzen zu legalisieren erscheint mir als ziemliche Schweinerei. Wäre es da nicht besser, die Etappen zu verkürzen?

Als Lance Armstrong, sein Team und in Folge zahllose andere Radsportler zugaben, ihre Gegner getäuscht und sich an bestimmte Dopinggurus gewandt zu haben, nur um aufs Siegertreppchen zu kommen, hat mich das wirklich sehr erbost. Und dabei ärgert mich noch nicht mal das Geständnis selbst, das mittlerweile nicht viel mehr ist als ein billiges Ritual. Ich denke vielmehr an die zahllosen Male, bei denen sie alle Anschuldigungen empört zurückgewiesen haben. Einige drohten sogar mit rechtlichen Konsequenzen für diejenigen, die ihnen die Maske vom Gesicht zu reißen drohten. Armstrong wurden am Ende seine sieben Tour-de-France-Titel aberkannt. Man hat bewiesen, dass seine Eroberung des Eiffelturms im Helikopter stattfand und nicht das Ergebnis von Trainingsleistungen war. Auf dem Platz, so würde man im Fußball sagen, hat er versagt.

Ich hoffe nur, dass man dem Nachwuchs beibringt, dass es falsch ist zu betrügen. Vielleicht sollte man ihnen ein weißes Blatt Papier geben und sie die Namen all jener aufführen lassen, die ebendas getan haben. Und die der Radsportler, die unter verdächtigen Umständen und viel zu früh gestorben sind. So eine Schockbehandlung ist absolut nötig. Auf Zigarettenpackungen druckt man: *Rauchen ist tödlich*. Vielleicht sollte man auf den Rahmen jedes Rades schreiben: »Füll keinen Müll in deine Trinkflasche.«

***

Wenn ich morgens nach dem Aufstehen oder abends vor dem Schlafengehen in den Spiegel blicke, sehe ich einen Mann von durchschnittlich schlechtem Aussehen. Mit einem etwas ungepflegten Bart, einer wilden Mähne, einer Nase, die nicht ganz lotrecht sitzt, leicht vorquellenden Augäpfeln und tiefen Augenringen. Aber ich sehe auch einen Mann, der stolz auf sein Spiegelbild ist und auf jede einzelne Sekunde seiner Vergangenheit.

Gino Bolsieri in Flero und Roberto Clerici bei der Voluntas waren nicht nur die ersten Trainer, die begriffen, dass meine ideale Rolle der Platz unmittelbar vor der Verteidigung war. Sie waren – neben meinem Vater Luigi und meiner Mutter Lidia – auch die Ersten, die mir klarmachten, dass man über eine Abkürzung vielleicht schneller am Ziel ist, am Ende aber irgendwann die Rechnung präsentiert bekommt. Und bei diesem Kampf gegen die eigenen Dämonen verlierst du. Dann schmorst du in einer Hölle, die du dir selbst geschaffen hast.

Dabei gibt es durchaus etwas, das in mir brennt. Eine olympische Flamme von erstaunlicher Kraft, die sich aus vielen einzelnen Funken der Leidenschaft nährt, aus purer Freude. Um diese Flamme zu löschen, müsste man mich selbst auslöschen, meine Seele. In irgendeiner Form kennt dies jeder Mensch. Mit Sicherheit auch die Führungsriege des Al Sadd, eines arabischen Vereins, der sich 2011 für die FIFA-Klub-Weltmeisterschaft qualifiziert hat.

»Andrea, die aus Qatar wollen dich.« Wenn mein Berater Tullio Tinti mich anruft und sich gar nicht erst mit Grüßen aufhält, sondern sofort zur Sache kommt, ist es ernst.

»Wie bitte?«

»Du wirst in Qatar spielen.«

»Bist du verrückt? Fällt mir ja gar nicht ein.«

»Was meinst du damit?«

»Ich finde, dafür ist es noch viel zu früh.« Meine letzte Saison bei Milan ging auf die Zielgerade, und ich hatte keinerlei Absicht zu emigrieren.

»Aber sogar Guardiola hat dort gespielt.«

»Am Ende seiner Karriere.«

»Ja, gut, aber du musst sie wenigstens aus Höflichkeit treffen.«

»In Ordnung. Wann kommen sie denn an?«

»Sie sind schon in Mailand. Bind dir eine Krawatte um. Ich komme in einer Stunde vorbei und hole dich ab.«

Sie warteten im Principe di Savoia auf mich, dem sündteuren Luxushotel am Bahnhof, demselben, in dem Beckham während seiner Zeit bei Milan gewohnt hatte. Sie hatten eine riesige Suite gemietet. Der Besitzer des Klubs und ein paar seiner Manager waren da, dazu noch eine ganze Horde Anwälte.

»Ciao. Der Vertrag ist schon unterschriftsfertig.«

»Ihnen auch einen guten Tag. Es ist eine Ehre, Sie kennenzulernen …«

»Unser Trikot wird dir gut zu Gesicht stehen.«

»Mein Name ist Andrea Pirlo.«

»Natürlich musst du dich nicht gleich entscheiden. Du kannst dir ruhig ein paar Minuten Zeit lassen.«

»Ehrlich gesagt, wollte ich Sie nur mal kurz kennenlernen.«

Irgendwie fanden wir nicht die gleiche Sprache. Zwischen ihnen und mir gab es einen Riss in der Raumzeit. Sie lebten bereits in der Zukunft, ich konzentrierte mich voll auf die Gegenwart. Doch sie machten einen guten Eindruck auf mich. Jedenfalls habe ich damals begriffen, dass es den Weihnachtsmann wirklich gibt.

»Andrea, wie viele Kinder hast du?«

»Zwei.«

»Wir haben eine ausgezeichnete englischsprachige Schule in Qatar.«

»Aber ich spreche gerne Italienisch mit ihnen.«

»Dann gründen wir eben eine neue Schule, für die wir nur italienische Lehrer verpflichten. Fährst du gerne Auto?«

»Ja.«

»Es würde uns freuen, wenn du den einen oder anderen Ferrari von uns als Geschenk annähmest.«

»Den einen oder anderen?«

»Und wenn dir Italien fehlt: Für dich steht immer ein Privatflugzeug bereit, das du nutzen kannst.«

»Aber ...«

»Der Vertrag ist bereits fertig aufgesetzt. Und er geht über vier Jahre.«

»Danke, aber ...«

»Mit vierzig Millionen Euro Gehalt.«

An diesem Punkt fiel Tinti fast in Ohnmacht.

»Vierzig Millionen für vier Jahre, nicht pro Saison. Im Moment herrscht ja Krise, wir sollten es nicht übertreiben.«

»Ähm, ja, das verstehe ich.«

»Aber wenn dir zehn Millionen pro Jahr zu wenig sind, dann lässt sich darüber noch reden.«

Es war einfach zu viel. Hätte ich verlangt, die Wüste urbar zu machen, hätten sie vielleicht auch zugestimmt. Daher musste ich diesem Gespräch ein Ende setzen, bevor ich in Versuchung geriet. »Ich danke Ihnen vielmals, aber ich kann nicht. Wenn ich zu euch komme, heißt das, dass ich meine Karriere beenden möchte. Aber ich glaube, dass ich Europa und Italien noch einiges zu geben habe. Wenn ich meine Meinung ändere, werde ich mich sicher noch mal melden. In ein paar Jahren vielleicht.«

»Elf Millionen ...«

»Tullio, wir gehen.«

»Zwölf ...«

»Tullio ...«

»Dreizehn …«

Ich musste meinen Agenten, der in einen Zustand der Ekstase verfallen schien, förmlich am Ärmel aus dem Zimmer schleifen. Dann war ich weg. Ich sah auf die Uhr und merkte, dass es genau 21 Uhr 21 war. Gleich zweimal meine Lieblingszahl. Das Schicksal flüsterte mir sachte ins Ohr: »Das hast du gut gemacht.«

Der 21. ist der Tag, an dem mein Vater zur Welt kam, an dem ich geheiratet und mein erstes Spiel in der ersten Liga bestritten habe. Bald wurde die 21 meine Nummer auf dem Trikot, die ich seitdem nicht mehr hergegeben habe. Sie bringt mir Glück. Daher hört dieses Buch auch mit dem zwanzigsten Kapitel auf. Mir gefällt der Gedanke, dass das nächste Kapitel im Moment nur aus weißen Seiten besteht, die mit neuen Geschichten und neuen Emotionen gefüllt werden, die erst noch geschrieben werden müssen.

Und eines ist sicher: Ich habe einen Stift.

DANKSAGUNG

Von Alessandro Alciato

Ein Dankeschön an Andrea Pirlo, weil er mir immer ein guter Freund war. Und weil er, wenn er erst einmal zu reden anfängt, nicht mehr aufhören kann. Und das ist die Entdeckung des Jahrhunderts.

An meine Frau Eleonora, die nur noch von Andrea spricht, aber das ist schon in Ordnung: Sie ist die Entdeckung meines Lebens.

An Cesare Prandelli für das von Herzen kommende Vorwort, das er an einem Spieltag gegengelesen hat. Er hatte die Weltmeisterschaft im Kopf, aber ein klein bisschen auch uns.

An Martina Maestri, die alles gelesen hat. Sie ist der Pirlo der Freundschaft.

An Daniele De Rossi, der seinen Teil zu der Erzählung über die gemeinsamen Streiche beigetragen hat.

An Marco Nosotti und Veronica Baldaccini für all die Zeit, die sie mir gewidmet haben. Sie sind meine Nationalmannschaft.

An Massimo Ambrosini, der mir tiefe Einblicke in Andreas Persönlichkeit vermittelte.

An Paola. Ich weiß ja, dass es da oben eine Bibliothek geben muss, was wäre das ansonsten für ein Paradies?

An alle Freunde aus Coverciano, vor allem an Simone Orati. Weil sie immer so getan haben, als sähen sie mich nicht, wenn ich wieder mal außertourlich in die geheimen Kammern eindrang.

An Andrea Delmonte, weil er daran geglaubt hat. (Und der Mann vom Berge sagte Ja ...)

An Ciacia Guzzetti von »Stars on Field«, die Samuel Eto'o Mamma nannte.

Und natürlich an Papa Mario, Mama Carola, Schwesterchen Benedetta, Oma Sandra und meine ganze Familie. Sie sind natürlich gesetzt, wenn es um einen Platz im Aufgebot geht. Immer und jederzeit.

REGISTER